EDITION **Leid**faden

Hrsg. von Monika Müller, Petra Rechenberg-Winter, Katharina Kautzsch, Michael Clausing

Die Buchreihe *Edition Leidfaden – Begleiten bei Krisen, Leid, Trauer* ist Teil des Programmschwerpunkts »Trauerbegleitung« bei Vandenhoeck & Ruprecht, in dessen Zentrum seit 2012 die Zeitschrift »Leidfaden – Fachmagazin für Krisen, Leid, Trauer« steht. Die Edition bietet Grundlagen zu wichtigen Einzelthemen und Fragestellungen im (semi-)professionellen Umgang mit Trauernden.

Marion Schenk

Empathie und Mitgefühl in Trauerbegleitung und Beratung

Nutzen, psychosoziale Risiken und Training

Mit 10 Abbildungen

Vandenhoeck & Ruprecht

Bibliografische Information der Deutschen Nationalbibliothek:
Die Deutsche Nationalbibliothek verzeichnet diese Publikation in der
Deutschen Nationalbibliografie; detaillierte bibliografische Daten sind
im Internet über https://dnb.de abrufbar.

© 2021 Vandenhoeck & Ruprecht, Theaterstraße 13, D-37073 Göttingen,
ein Imprint der Brill-Gruppe
(Koninklijke Brill NV, Leiden, Niederlande; Brill USA Inc., Boston MA,
USA; Brill Asia Pte Ltd, Singapore; Brill Deutschland GmbH, Paderborn,
Deutschland; Brill Österreich GmbH, Wien, Österreich)
Koninklijke Brill NV umfasst die Imprints Brill, Brill Nijhoff, Brill Hotei,
Brill Schöningh, Brill Fink, Brill mentis, Vandenhoeck & Ruprecht, Böhlau,
Verlag Antike und V&R unipress.

Alle Rechte vorbehalten. Das Werk und seine Teile sind urheberrechtlich
geschützt. Jede Verwertung in anderen als den gesetzlich zugelassenen Fällen
bedarf der vorherigen schriftlichen Einwilligung des Verlages.

Bildnachweis: Abb. 1, 2, 4, 5 Schematische Darstellung © Marion Schenk;
Abb. 3, 9 Originalfoto https://pixabay.com, Veränderung © Marion Schenk;
Abb. 6, 7, 8, 10 Originalfoto © Marion Schenk

Umschlagabbildung: Eileen Kumpf/Shutterstock.com

Satz: SchwabScantechnik, Göttingen
Druck und Bindung: ⊕ Hubert & Co. BuchPartner, Göttingen
Printed in the EU

Vandenhoeck & Ruprecht Verlage | www.vandenhoeck-ruprecht-verlage.com

ISSN 2198-2856
ISBN 978-3-525-40767-7

Inhalt

I	Einführung		9
II	Theoretische Betrachtungen zu Empathie und Mitgefühl		11
1	Grundlegende Abläufe und Zusammenhänge		11
	1.1	Reize und die Subjektivität menschlichen Denkens, Fühlens und Handelns	11
	1.2	Reizantworten	13
	1.2.1	*Empathie allgemein*	14
	1.2.2	*Facetten der Empathie*	15
	1.2.3	*Selbstempathie und Impathie*	17
	1.3	Reaktionen auf Reizantworten	18
	1.3.1	*Selbstmitleid und Mitleiden mit anderen*	18
	1.3.2	*Unbewusste Abwehrmechanismen und willentlich-bewusste Abwehr*	20
	1.3.3	*Mitgefühl allgemein*	20
	1.3.4	*Selbstmitgefühl*	22
	1.3.5	*Mitgefühl mit anderen*	22
	1.3.6	*Prosoziales Verhalten*	24
	1.4	Auswirkungen von Mitleid, Abwehr und Mitgefühl	26
	1.5	Wissenschaftliche Untersuchungen zu Empathie und Mitgefühl	27
	1.5.1	*Neurophysiologische Unterschiede*	28
	1.5.2	*Biochemische Unterschiede*	30
	1.6	Empathie und Mitgefühl als Reiz-Raum-Reaktions-Modell	32
2	Mitgefühl im Kontext der Gesellschaft		34
	2.1	Gesellschaftlicher Stellenwert von Mitgefühl	34
	2.2	Mitgefühl in der Sozialwirtschaft	35
	2.3	Mitgefühl bei Krankheit, Sterben, Tod und Trauer	37
	2.4	Mitgefühl bei Suizidalität und Suizid	39

III Einflussfaktoren auf Qualität und Quantität von Mitgefühl und Auswirkungen fehlenden Mitgefühls 41

1 Psychische und physische Verfassung 43
   1.1 Bedürfnisse 43
   1.2 Bindung und Beziehung 44
   1.3 Krankheit, Sterben, Tod und Trauer 45
   1.4 Emotionale und körperliche Überforderung 45

2 Kognitive Haltung 46
   2.1 Erfahrungen, Sichtweisen, Einstellungen, Überzeugungen, Haltung sich selbst und anderen gegenüber 47
   2.2 Unwissenheit 50

3 Psychische Störungen 51
   3.1 Depression 52
   3.2 Angststörung 53
   3.3 Persönlichkeitsstörungen 53
   3.4 Belastungsreaktionen sowie Belastungs- und Anpassungsstörungen 54
   3.5 Verhaltens- und Entwicklungsstörungen 55
   3.6 Abhängigkeits- und andere psychische Erkrankungen 55

4 Suizidalität 56

5 Abwehr als Schutzmechanismus 57
   5.1 Abwehrmechanismen 57
   5.1.1 Projektion 58
   5.1.2 Rationalisierung 58
   5.1.3 Regression 58
   5.1.4 Reaktionsbildung 58
   5.1.5 Verdrängung 58
   5.1.6 Verleugnung 59
   5.1.7 Verschiebung 59
   5.1.8 Übertragung und Gegenübertragung 59
   5.2 Kontaktstörungen 59
   5.2.1 Konfluenz 60
   5.2.2 Introjektion 60
   5.2.3 Deflexion 60
   5.2.4 Retroflexion 61
   5.2.5 Egotismus 61

6 Antisoziales Verhalten 61

7	Weitere Ursachen für fehlendes Mitgefühl	63
8	Mitgefühl fördernde Faktoren	65

IV Falldarstellungen aus der Praxis zu Empathie und Mitgefühl — 68

1 Fälle aus Beratung und Trauerbegleitung, die Einflussfaktoren auf Mitgefühl zeigen ... 68
- 1.1 Kinder waren nie eine Option – Teil A ... 69
- 1.2 Michael hat keine Zeit – Teil A ... 71
- 1.3 Sie liebt mich nicht mehr – Teil A ... 73
- 1.4 Begleiten bis zum Ende und dann der Nächste – Teil A ... 76
- 1.5 Stefanie hat sich nicht das Leben genommen – Teil A ... 78
- 1.6 Ich halte das nicht mehr aus – Teil A ... 79
- 1.7 Ich bin schuld – Teil A ... 81
- 1.8 Ich habe so mit ihr gelitten – Teil A ... 84
- 1.9 Ich will doch nur ihr Bestes – Teil A ... 86
- 1.10 Antisoziales Verhalten versus Mitgefühl ... 88

2 Fälle aus Beratung und Trauerbegleitung, die zeigen, welche Interventionen Mitgefühl und prosoziales Verhalten fördern können ... 90
- 2.1 Kinder waren nie eine Option – Teil B ... 92
- 2.2 Michael hat keine Zeit – Teil B ... 96
- 2.3 Sie liebt mich nicht mehr – Teil B ... 98
- 2.4 Begleiten bis zum Ende und dann der Nächste – Teil B ... 106
- 2.5 Stefanie hat sich nicht das Leben genommen – Teil B ... 109
- 2.6 Ich halte das nicht mehr aus – Teil B ... 112
- 2.7 Ich bin schuld – Teil B ... 116
- 2.8 Ich habe so mit ihr gelitten – Teil B ... 122
- 2.9 Ich will doch nur ihr Bestes – Teil B ... 127

V Zusammenfassung ... 131

Literatur ... 133

I Einführung

Empathie und Mitgefühl in der sozialen Arbeit sind Fähigkeiten, die nicht nur Betreuten und Begleiteten zugutekommen. Angemessenes Mitgefühl stärkt auch das Miteinander in Teams und es trägt zur psychischen Stärkung von Beratern und Trauerbegleiterinnen bei. Wenn Menschen Mitgefühl in einer angemessenen Form zeigen können, werden sie sich langfristig nicht überfordern, weil sie weder mitleiden noch Abwehr entwickeln und entgegen ihrer Natur strikt auf Distanz gehen müssen. In diesem Band werden Fragen wie »Welches Maß an Mitgefühl ist angemessen?« und »Wie finde ich in der jeweiligen Situation eine adäquate Art und Weise, mitfühlend zu reagieren?« Antworten finden.

Empathie und Mitgefühl werden sowohl in der Literatur als auch im Alltag häufig synonym verwandt. In diesem Buch wird differenziert und es werden tendenzielle Unterschiede aufgezeigt. Insbesondere geht es um Faktoren, die Mitgefühl einschränken können; um verschiedene durch empathische Impulse ausgelöste Reaktionen und um ihre Wirkung auf Empfänger.

Dem österreichischen Psychologen Viktor Frankl (1905–1997) wird ein Zitat zugeschrieben, welches Inhalt und Anliegen des Buches kurz und knapp verdeutlicht: »Zwischen Reiz und Reaktion liegt ein Raum. In diesem Raum liegt unsere Macht zur Wahl unserer Reaktion. In unserer Reaktion liegen unsere

Entwicklung und unsere Freiheit«[1]. Er beschreibt mit Raum den begrenzten Moment, in dem äußere Reize zu einer Resonanz, einem Mitschwingen im Menschen führen. Durch Reizen aller Sinne entsteht neurophysiologisch Wahrnehmung, die in Verbindung und Wechselwirkung mit unbewussten mentalen, somatischen und emotionalen Impulsen Reaktionen auslöst. Weshalb dieser Raum im Rahmen empathischer Prozesse wichtig ist, werden die späteren Ausführungen zeigen.

Im theoretischen Teil werden Zusammenhänge und Wirkungsweisen verschiedener Reaktionen erläutert. Das Augenmerk wird unter anderem auf die unterschiedlichen Qualitäten von Mitfühlen und Mitleiden als Reaktionen gelegt. Aktuelle neurowissenschaftliche Erkenntnisse im Wechselspiel mit biochemischen Prozessen untermauern die vorgestellten Betrachtungen zu Empathie und Mitgefühl.

Im praktischen Teil ergänzen Falldarstellungen die theoretischen Ausführungen. Sie verdeutlichen Einflussfaktoren auf Wahrnehmen und Verarbeiten von Reizsignalen, wodurch die im jeweiligen Fall vorgestellten unterschiedlichen, individuell gefärbten empathischen Empfindungen und daraus resultierende Reaktionen verständlich werden. Konkrete Interventionen aus Trauerbegleitung und Beratung zeigen, wie angemessenes Mitgefühl für sich und andere entwickelt werden kann.

---

1 In vielen Quellen wird das Zitat Viktor Frankl aufgrund seiner Erfahrungen während der Zeit als Häftling im KZ Auschwitz zugeschrieben. Es scheint aber, dass Frankl Gedanken aufgegriffen hat, die auf den persischen Mystiker Rumi (1207–1273) zurückgehen (Quelle: Südwestfunk, SWR 2, Sendung vom 01.12.2011: »Innere Freiheit oder Die Möglichkeit zwischen Reiz und Reaktion«, Autorin: P. Mallwitz. http://docplayer.org/33372995-Suedwestrundfunk-swr2-leben-manuskriptdienst-innere-freiheit-oder-die-moeglichkeiten-zwischen-reiz-und-reaktion.html – Zugriff am 17.05.2020).

II Theoretische Betrachtungen zu Empathie und Mitgefühl

1 Grundlegende Abläufe und Zusammenhänge

Für professionelle und ehrenamtliche Tätigkeiten in der sozialen Arbeit sind neben fachlicher Kompetenz auch Fähigkeiten im Gestalten zwischenmenschlicher Beziehungen von Bedeutung. Grundlage dafür ist, auf empathische Impulse hin adäquates Mitgefühl entwickeln zu können. Das Beleuchten dieses Teils beruflicher Kompetenz ist sinnvoll, da er einen maßgeblichen Einfluss auf die Qualität der Arbeit mit Menschen, aber auch auf die Leistungsfähigkeit der Mitarbeitenden in Trauerbegleitung, Betreuung und Beratung hat.

Für Empathie und Mitgefühl werden in der Literatur unterschiedliche Betrachtungsweisen und Definitionen angeboten, die sich teilweise überschneiden und die irritieren können. Für eine Auseinandersetzung mit dem Thema und Umsetzung vorgestellter Maßnahmen in die Praxis ist es unerlässlich, gebräuchliche Begriffe zu konkretisieren und eine Spezifikation und Unterscheidung von Empathie und Mitgefühl vorzunehmen. Es stehen unterschiedliche Modelle zur Verfügung, die die im jeweiligen Abschnitt aufgegriffenen Beschreibungen strukturieren und Zusammenhänge visualisieren.

1.1 Reize und die Subjektivität menschlichen Denkens, Fühlens und Handelns

Menschen reagieren auf innere und äußere Reize. Signale im Menschen, auf die er reagiert, können aufgrund von Erinnerungen aus der Vergangenheit, Gedanken in der Gegenwart, Emotionen und Körpersignalen entstehen. Auch aus seiner Umwelt, vor allem von anderen Personen, empfängt der Mensch Impulse, die er mit seinen Sinnen und durch Resonanz aufnimmt.

Menschen, ihr Denken, Handeln und Fühlen, werden in Kindheit und Jugend durch wichtige Bezugspersonen und deren Vorerfahrungen, Sichtweisen, Meinungen, Haltungen, Werte, Überzeugungen und andere unbewusste Maßstäbe geprägt. Die Art, wie Menschen auf Situationen reagieren, verändert die neuronale Struktur ihres Gehirns. Jedes Mal, wenn auf Umstände reagiert wird, wird auch die Wahrnehmung trainiert, in zukünftigen Situationen ähnlich zu empfinden und spätere Momente entsprechend zu erleben. Denken und Fühlen als Primärfunktionen des Gehirns beeinflussen bereits bestehende Hirnstrukturen und bilden die Grundlage für unbewusste kognitive und emotionale Muster. Tilgung und Generalisierung stellen dabei Programme dar, die diese Musterbildung im Sinn automatischer Abfolgen ermöglichen. Neue Signale aufgrund aktueller Situationen werden mit bereits abgespeicherten Erfahrungen abgeglichen und so verändert, dass die bestehende neuronale Vernetzung zu einem bestimmten Aspekt – beispielsweise Resonanz auf die Befindlichkeit anderer Menschen – erweitert werden kann. Dieses Lernen dient dazu, dass in ähnlichen Situationen entsprechende Verknüpfungen unbewusst aktiviert werden können. Diese Automatismen dienen der Optimierung sich wiederholender Prozesse, wodurch im Gehirn Kapazität geschaffen wird für bewusste Reaktionen, die aktuelle oder plötzlich abweichende eventuell bedrohliche Situationen erfordern.

Jeder Mensch erlebt aufgrund dieser automatisierten Abläufe im Gehirn Situationen ganz unterschiedlich, und Erfahrungen werden ganz individuell und divergent zu den Erfahrungen anderer Menschen im Gehirn abgespeichert. Dieses Phänomen wird auch mit »Man sieht, hört und fühlt, was man glaubt« beschrieben. Durch individuell angeeignete Erfahrungsmuster können Wahrnehmen und Empfinden deshalb nur subjektiv sein. Emotionales Mitschwingen und gedankliches Hineinversetzen in andere Menschen schaffen es daher nur, eine Ahnung und Idee oder Annahme zur Situation bzw. zum Befinden des Gegenübers zu entwickeln.

Bei der Betrachtung menschlicher Phänomene wie Empathie und Mitgefühl ist es nicht möglich, allgemeingültige Maßstäbe festzulegen. Selbstverständlich sind auch für diese zwischenmenschlichen Abläufe gesellschaftlich angestrebte Normen ausschlaggebend. Dennoch können aufgrund der Subjektivität und der sich daraus ergebenden Individualität der Einzelnen
- die Wahrnehmung der Situation eines Leidenden,
- die durch Resonanz ausgelösten aufsteigenden empathischen Impulse,
- die sich daraufhin entwickelnden Reizantworten wie Gedanken und Gefühle,
- die Reaktionen des Senders, seine Haltung und sein Verhalten, auf diese innerpsychischen Vorgänge und
- die empfundene Wirkung der Reaktion beim Empfänger

von gesellschaftlich geprägten Erwartungen abweichen.

Auch wenn das Nachempfinden einen generellen, bei jedem Menschen ähnlich ablaufenden intrapsychischen Vorgang darstellt, ist es wesentlich, sich diese Subjektivität von Wahrnehmung, Verarbeitung von Reizen und Reaktionen aufgrund individuellen Herangehens an Situationen bewusst zu machen.

1.2 Reizantworten

Der aufgrund der Befindlichkeit einer anderen Person ausgelöste Reiz wird durch Resonanz auf das Gegenüber übertragen. Die dabei entstehenden inneren Schwingungen und Regungen sind ganz individuell gefärbte Reizantworten.

1.2.1 Empathie allgemein

In der Literatur wird Empathie in der Regel dem Einfühlungsvermögen gleichgesetzt. Im Rahmen von Empathie wird auch von Mitfühlen, Zuwendung, Barmherzigkeit, Altruismus, sozialer Aufmerksamkeit, Achtsamkeit und Menschlichkeit gesprochen. Die Reizantwort »Empathie« wird in diesem Band als die Fähigkeit definiert, durch Resonanz die Befindlichkeit eines anderen Menschen, der sich in einer für ihn belastenden Situation befindet, unwillkürlich zu spüren und wahrzunehmen.

Empathie geht auf den altgriechischen Wortstamm »pathos« zurück, was Leid und Schmerz bedeutet, und löst beim Gegenüber eine emotionale Wahrnehmung der aktuellen (Not-)Lage eines Leidenden aus. Diese Fähigkeit ist hirnphysiologisch angelegt und wird im Verlauf der Sozialisierung ausgebaut. Kinder beginnen etwa ab dem sechsten Lebensmonat, Stimmungen anderer wahrzunehmen.

Eine empathische, auf andere gerichtete Wahrnehmung benötigt die Unterscheidung zwischen Ich und Du, die ungefähr mit dem dritten Lebensjahr möglich wird. Noll-Brinckmann (1999) weist darauf hin, dass empathische Prozesse nicht mit identifikatorischen gleichgesetzt werden können, da es sich nur um ein temporäres, partielles Wahrnehmen der Resonanz auf eine beobachtete andere Person handelt.

Die emotionale Verfassung einer anderen Person wird unbewusst vor allem anhand ihrer Mimik, Gestik, Körperhaltung und Sprache sowie ihres Tonfalls und Geruchs aufgenommen. Diese spezifischen Signale des Gegenübers stellen für die menschlichen Sinnesorgane Augen, Ohren und Nase sensorische Reize dar, die empfangen, über Nervenbahnen weitergeleitet und im Gehirn verarbeitet werden.

1.2.2 Facetten der Empathie

Aufgrund unterschiedlicher Erfahrungen, unterschiedlicher Wahrnehmung und dadurch unwillkürlich ausgelöster Reizantworten kann sich Empathie auf verschiedenste Art und Weise zeigen und in ihren Facetten qualitativ divergent darstellen. Das Miterleben einer Situation, in der sich ein anderer Mensch befindet, schließt körperliches, kognitives und emotionales Mitempfinden ein (Bion, 2009).

Emotionale Empathie
Affektive oder emotionale Empathie ist keine Emotion (Ekman, 2010), sondern das Wahrnehmen einer Gefühlsregung als Widerhall auf den emotionalen Zustand eines anderen Menschen. Die Wahrnehmung der Befindlichkeit des Gegenübers ergänzt und beeinflusst für einen Moment das eigene Empfinden.

Kognitive Empathie
Erinnerungen aus der Vergangenheit erzeugen unbewusst Signale, in welcher Situation sich der andere befindet, welche Gedanken, Absichten und Einschätzungen bei ihm vorliegen können. Diese intuitive gedankliche Perspektivübernahme wird in der Literatur als kognitive oder mentale Empathie bezeichnet.

Das verstandesmäßige Nachvollziehen der Lage eines anderen Menschen und emotionale Distanz bezeichnet Ciaramicoli (2001) als »funktionale Empathie«. Das Funktionalisieren von Empathie ist beispielsweise bei Personen mit psychischen Störungen, insbesondere Persönlichkeitsstörungen, anzutreffen und wird von ihnen, teils bewusst, teils unbewusst, zu Manipulation, Missbrauch und Kränkung genutzt. Andere Menschen werden gedemütigt oder öffentlich bloßgestellt, um das eigene Ich bzw. das Selbstwertgefühl zu stabilisieren.

Somatische Empathie
Das Wahrnehmen der Situation, in der sich ein anderer Mensch befindet, zusammen mit der emotionalen Berührung beeinflusst auch den Körper. Unter somatischer oder physischer Empathie (Noll-Brinckmann, 1999; Bion, 2009) werden zum einen die unbewusst ausgelösten Impulse wie Muskelanspannung verstanden, die die Mimik im Gesicht und die Körperspannung verändern. Zum anderen zählen dazu die wahrgenommenen körperlichen Empfindungen wie etwa ein Druck im Bauchraum, auch »Bauch-Hirn« oder »enterales Nervensystem« genannt, in dem sich ungefähr ebenso viele Nervenzellen befinden wie im Gehirn.

Soziale Empathie
In der neueren Literatur wurde der Begriff der sozialen Empathie (Pelz, 2017) eingeführt, die es möglich macht, das Verhalten komplexer Systeme zu deuten. Es wird darunter die Fähigkeit verstanden, sich auf Menschen unterschiedlicher Herkunft, Kulturen und Altersgruppen, aber auch auf verschiedene Temperamente und Charaktere einzustellen, was besonders für Personen in Leitungspositionen und mit Führungsaufgaben unerlässlich ist. Da es sich um komplexe Abläufe mit Bewusstmachung dessen handelt, was in einem selbst, in anderen und im Außen abläuft, wird für diesen Begriff auch die Bezeichnung »soziale Kompetenz« verwendet.

Narrative Empathie
Zum Verständnis der Falldarstellungen ist die Erwähnung einer weiteren, wie Breithaupt (2009) es nennt, »Kultur der Empathie« sinnvoll. Mit narrativer Empathie bezeichnet er den Prozess, in dem zu zwei beteiligten Parteien, zwischen denen empathische Reaktionen ablaufen – beispielsweise Trauernder und Trauerbegleiter –, eine dritte, möglichst neutrale Person – beispielsweise eine Supervisorin – dazukommt. Diese ermöglicht eine

gedankliche, bewusstseinsverändernd wirkende Betrachtung einer Szene dieser zwei Parteien. Diese dritte Person schafft durch das Vorstellen und Anbieten alternativer Sichtweisen und Hypothesen für Helfende eine neue Erfahrung. Dadurch können Berater und Trauerbegleitende Wahrnehmungen reflektieren, das Gegenüber und seine Reaktionen neu bewerten und die eigene Haltung gegenüber Klientinnen und Klienten verändern. Solchermaßen Unterstützte können so zukünftige Reaktionen bewusst in eine andere Richtung – zum Beispiel mit mehr Mitgefühl – lenken.

1.2.3 Selbstempathie und Impathie

Im Raum zwischen Reiz und Reaktion werden unwillkürliche, resonanzbedingte Impulse als Reizantwort in bewusstes Wahrnehmen verwandelt, dem Einstufung der Situation und Selbstregulation folgen. Selbstempathie oder »Ich-bezogene Empathie« gelingt, wenn durch Ausbalancieren belastender Impulse angenehme Emotionen es ermöglichen, im nächsten Schritt eine nutzbringende Reaktion – Mitgefühl – für einen Leidenden zu planen und zu ergreifen. Können resonanzbedingte Wahrnehmungen nicht gesteuert werden, kann es zum emotionalen Überfluten – Mitleid – kommen, oder die Belastung muss durch andere Mechanismen – Abwehr – ausbalanciert werden.

Die im Konzept von Neubrand (2012) beschriebene Fähigkeit, die sie »Impathie« nennt, wird von ihr mit »sich selbst mit einer annehmenden Haltung zu begegnen und sich mit all seinen teils widersprüchlichen Gedanken, Gefühlen [...] wahrzunehmen und zu verstehen, ohne sich dabei von einzelnen Erlebensweisen davontragen zu lassen«, definiert. Wenn »Impathie« über das Wahrnehmen empathischer Signale und ihre Regulation hinausgeht, regen neueste neurowissenschaftliche Untersuchungen an, diesen komplexen, bewussten Vorgängen des sich selbst liebevollen Zuwendens den Begriff »Selbstmitgefühl« zuzuordnen.

1.3 Reaktionen auf Reizantworten

Auf erste wahrnehmende Reizantworten durch innerpsychische und physische Vorgänge wie Erinnern, Fühlen und Spüren entwickeln sich Reaktionen wie Konzentrationsfähigkeit, Einstufung und Bewertung der Situation, Handlungsabsicht, Körperorientierung, Bewegungsplanung, Entscheidung sowie Worte, Verhalten, Motorik als Handlungsumsetzung. Diese Reaktionen auf Signale anderer Menschen in einer belastenden Situation und entstandene innerpsychische Impulse aufgrund der Resonanzfähigkeit des Menschen können individuell unterschiedlich ausfallen. Sie können aufgrund fehlender Reflexion unbewusst zu Abwehr und durch fehlende Abgrenzung zu Mitleid führen. Es können aber auch bewusste Denkprozesse angestoßen werden, die ein Vergegenwärtigen der Situation, einen kognitiven Perspektivwechsel von sich zum Gegenüber und Einschätzen sinnvoller Maßnahmen für angemessenes Mitgefühl ermöglichen.

1.3.1 Selbstmitleid und Mitleiden mit anderen

Eine der Reaktionen auf empathisches Berührtsein ist Mitleid bzw. Mitleiden. Mitleid wird nicht nur umgangssprachlich, sondern auch in älterer Fachliteratur dem Mitgefühl gleichgestellt.

Das Ausmaß emotionalen Berührtwerdens ist individuell unterschiedlich. Be- oder Überlastung sind Zeichen beschränkter emotionaler Regulierungsmöglichkeiten und eingeschränkten kognitiven Abgrenzens. Ursachen von Selbstmitleid bzw. des Mitleidens mit anderen können symbiotische Beziehungen mit Abhängigkeit und unreflektierte Erfahrungen sein. Betroffene können sich belastenden Impulsen aus der Vergangenheit nicht entziehen. Stattdessen werden diese durch aktuelle äußere Reize verstärkt. Die emotionale Überflutung beim Selbstmitleid oder Mitleiden mit anderen zieht empathischen Stress nach sich.

Emotionales Mitleid
Emotionales Mitleid kann als ein Überschwemmtwerden von Emotionen durch empathische Impulse und inneren Schmerz verstanden werden. Das eigene Leid oder das des Gegenübers, durch wahrgenommene belastende Emotionen ausgelöst, wird als unerträglich empfunden. Eine Ausdrucksweise belastender Gefühle beim Mitleid können neben leidvoller Mimik und hilfloser Gestik unkontrollierte Tränenausbrüche sein, die zeigen, dass der emotionale Druck nicht bewusst gesteuert werden kann. Der innerpsychische Schockzustand kann auch zum Erstarren führen, sodass Tränen blockiert sind. Diese Starre kann vom Gegenüber als emotionale Kälte missverstanden und als Abweisung empfunden werden.

Kognitives Mitleid
Mitleid äußert sich neben der Komponente der emotionalen Belastung auch durch destruktives gedankliches Bewerten. Schmerzhaft erlebte frühere Erfahrungen werden mit dem als katastrophal interpretierten Erleben der aktuellen Situation verknüpft. Kognitives Mitleid, sich selbst oder anderen gegenüber, trägt unbewusst Energie von Nicht-wahrhaben-Wollen und Beseitigenwollen im Sinne von »Oh, wie schrecklich!«, »Das will ich nicht!« oder »Das darf nicht sein« in sich. Es kann nicht zu konstruktivem Verhalten führen, welches dem Leidenden hilft. Destruktive Denkschleifen mit Schwarz-Weiß-Denken, Katastrophisieren, übertriebener Verallgemeinerung, Beziehen äußerer Umstände auf die eigene Person, Tunnelblick, aber auch leidvolles Klagen oder Zuweisen von bzw. Gedanken an Schuld können Ausdruck kognitiven Mitleids sein. Häufig ist eine chronische Belastung aus schmerzhaften Gefühlen, dysfunktionalen Gedanken und passivem Widerstand entstanden, sodass Menschen quasi in ihrem Leid verstrickt sind. Belastende Erlebnisse aus der Vergangenheit werden so über Jahrzehnte immer wieder aktiviert – ein Teufelskreis entsteht.

Diese mitleidende Haltung hält Betroffene in der Opferrolle fest, die signalisiert: »Es ist so schlimm, ich kann nichts (für dich) tun.« Die Identifikation mit dem anderen wird so implementiert, dass es diesem vermeintlich genauso (schlecht) geht, wie – aktuell oder irgendwann einmal – einem selbst. Menschen tragen förmlich ihr eigenes Leid und das Leid des anderen auf ihren Schultern.

1.3.2 Unbewusste Abwehrmechanismen und willentlich-bewusste Abwehr

Neben Mitleid kann es als Reaktion auf die innere Resonanz zum unbewussten oder willentlich-bewussten Abwehren emotionaler und kognitiver Belastung kommen. Ursächlich können fehlende Selbstwahrnehmung, einschränkende Glaubenssätze und Erfahrungen mit emotionaler Überforderung sein. Betroffene entwickeln in Überlastungssituationen abwehrende Mechanismen oft schon während der persönlichen Reifung in Kindheit und Jugend. Diese – damals zum Selbstschutz notwendigen – Überlebens- und Bewältigungsmuster halten sich ohne Reflexion und Bearbeitung bis ins Erwachsenenalter. Der Widerstand kann sich durch Abwehrmechanismen verschiedener Qualitäten und Sätze wie »Stell dich nicht so an!« oder »Das ist doch nicht so schlimm!« äußern, aber auch durch Muster der Kontaktstörung.

1.3.3 Mitgefühl allgemein

Um sich einfühlen zu können, braucht es Wahrnehmung. Dieses Wahrnehmen, was sich in spezifischen Situationen in einem selbst abspielt, lernen Kinder im Verlauf des ersten Lebensjahres. Sie entwickeln in Bezug auf den Zustand erfüllter oder nicht befriedigter Bedürfnisse die sechs Basisemotionen Überraschung, Freude, Angst, Wut, Traurigkeit und Ekel. Wichtig dafür ist, dass Eltern das, was sie in bestimmten Situationen empfinden, Kindern altersgerecht – durch Mimik, Gestik, Körpersprache und Worte – zur Verfügung stellen. Nur wenn Eltern sich selbst mit ihren Bedürfnissen, ihren Wahrnehmungen und ihren Reaktionen auseinandergesetzt haben, können sie diese Erfahrungen an ihre Kinder, entsprechend ihrem Alter, weitergeben. Kinder lernen so, unbewusste Impulse bewusst wahrzunehmen und qualitativ zu unterscheiden. Diese Fähigkeit bildet die Basis, mit anderen Menschen emotional in Resonanz gehen und Mitgefühl für andere entwickeln zu können. Es gelingt dann, auf Leid mit Geduld und Verständnis zu reagieren, und es entsteht das Bedürfnis, Möglichkeiten zu finden, das Leid zu lindern.

Mitgefühl im Gegensatz zu Mitleid entsteht durch eine innere Haltung von wohlwollendem Miteinander, wenn es frei von Bedingungen und Erwartungen ist. Durch diese altruistische Grundeinstellung kann sich uneigennütziges Mitgefühl entwickeln.

Durch Lernen des Umgangs mit emotionalen Impulsen, durch wiederholtes Erleben bzw. durch empathische Resonanz ausgelöst, entwickelt sich aufgrund der Musterbildung im Gehirn das Phänomen Intuition. Diese kann blitzschnell auf Erfahrungen, Einsichten und Sichtweisen, Zusammenhänge und Auswirkungen von Entscheidungen zurückgreifen und situationsabhängig Handlungsmuster unbewusst zur Verfügung stellen, ohne dass Gedanken bewusst aktiviert werden müssen. Wenn über einen längeren Zeitraum andauernde bewusste Auseinandersetzung mit inneren Impulsen, empathischer Resonanz und möglichen Perspektiven und Motiven des Gegenübers durch neue Verknüpfung von Neuronen zu unbewussten Automatismen geführt hat, können Situationen intuitiv erfasst und Handlungsweisen unbewusst ausgewählt werden.

Intuition kann aber auch dazu verleiten, sich blind darauf zu verlassen, dass die aktuelle Situation wie jede zuvor ähnlich erlebte einzuschätzen ist. Beratung und Trauerbegleitung werden dann nicht überfordern oder zu destruktiven Denk- und Handlungsweisen führen, wenn den Begleitenden bewusst ist, sich ersten emotionalen Impulsen nicht hinzugeben. Intuitive, unbewusste Abläufe sollten immer wieder, beispielsweise in der Supervision, reflektiert und Situationen bewusst erfasst und gedanklich bewertet werden, damit Routine nicht verhindert, dass angemessene Schritte für prosoziales Handeln eingeleitet werden. Wenn Menschen sich, je nach Situation, nicht nur spontan von ihrer Wahrnehmung passiv leiten lassen, sondern sich immer wieder auch bewusst aktiv steuern, können sie gezielt vorgehen, sodass beide Seiten – sozusagen der »Mitgefühl-Geber« und der »Mitgefühl-Nehmer« – davon profitieren.

1.3.4 Selbstmitgefühl

Neubrand (2012) sieht Impathie als »Voraussetzung für Selbst-Mitgefühl«, das die »Praxis der klugen Sorge für sich selbst« meint. Neben Selbstwahrnehmung und Selbstregulierung im Rahmen von Selbstempathie umfasst Selbstmitgefühl die bewusste Selbststeuerung. Emotionale, somatische und kognitive Signale werden wahrgenommen und genutzt, um die persönliche Lage einzuschätzen und sich dazu zu entscheiden, sich selbst wohlwollend zuzuwenden. Selbstmitgefühl ermöglicht mit liebevollen Gedanken und Gefühlen sowie Verhaltensmustern, sich kleine Fehler zu verzeihen, sich seiner Bedürfnisse bewusst zu sein und Möglichkeiten zu kennen und zu nutzen, um diese zu befriedigen, sich vor Überforderung zu schützen und sich abzugrenzen sowie sich physisch und psychisch gesund zu erhalten. Dadurch werden nicht nur eigenes Wohlbefinden und Selbstwertgefühl stabilisiert, sondern Selbstmitgefühl schafft auch die Basis, sich anderen bedingungslos zuwenden und ihnen beistehen zu können.

1.3.5 Mitgefühl mit anderen

Albert Schweitzer betrachtet »das Mitfühlen mit allen Geschöpfen« als das, »was den Menschen erst wirklich zum Menschen macht«[2]. Schon Kinder im zweiten Lebensjahr können mitfühlend reagieren, wenn auch sie sich von Bezugspersonen emotional verstanden fühlen. Dafür ist es notwendig, dass Eltern Gefühle ihres Kindes ernst nehmen und ihm in Worten zur Verfügung stellen, was gerade mit ihm passiert. So wird der Grundstein dafür gelegt, wie Kinder mit ihren empathischen Impulsen umgehen, wie sie auf betroffene Mitmenschen reagieren und welche mitfühlenden Signale bzw. Verhaltensweisen sie entwickeln.

Gilbert (2020) sieht die Fähigkeit, mitzufühlen, eng an innere Systeme der menschlichen Psyche gekoppelt. Eine Gefahr für einen selbst oder andere zu erkennen, wird vom Bedrohungssystem unterstützt. Eigene Ressourcen zu mobilisieren, um sich selbst oder anderen helfen zu können, wird durch das Antriebssystem unterstützt. Und sich selbst und andere beruhigen und Schmerz lindern zu können, wird durch die Aktivierung des Beruhigungs- und Bindungssystems ermöglicht.

Die Fähigkeit der Impulswahrnehmung und -steuerung ist eng mit Frustrationstoleranz verbunden. Kinder ab etwa 18 Monaten beginnen durch Scheitern und Ausprobieren, eigene Lösungen zu suchen und zu finden, Selbstwirksamkeit zu lernen, und sie spüren unbewusst, dass sie dadurch innere Zustände selbst regulieren können. Psychische Grundbedürfnisse, wie Sicherheit, aber auch Selbstbild, Haltung und Verhalten anderen gegenüber werden so bei Kindern in der Sozialisierungsphase durch Unterstützung wichtiger Bezugspersonen entwickelt. Manchmal ist es notwendig bzw. sinnvoll, diese Fähigkeiten später im Erwachsenenalter zu reflektieren und bewusst zu trainieren. Dabei sind je nach Ausprägung der Blockade – Defizite oder Überreaktionen – unterschiedliche Settings wie Supervision, Coaching oder Therapie hilfreich.

---

2 https://gutezitate.com/zitat/271270.

Im Unterschied zum bedingungslosen Mitgefühl für andere spielt beim Mitgefühl, das unbewusst an Bedingungen geknüpft ist, die eigene Bedürfnislage eine Rolle. Die Zuwendung zum anderen hat dann unbewusst das Ziel, eigene Defizite auszugleichen, indem Beachtung, Anerkennung oder Nähe erlangt wird und der eigene Mangel oder Schmerz durch wohlwollende Rückmeldung des Leidenden verringert werden soll.

Ob Kinder oder später Erwachsene dazu neigen, aufgrund empathischer Resonanz mitzuleiden, belastende Impulse abzuwehren oder ob sie in der Lage sind, sich sanft zu distanzieren, emotionale Impulse qualitativ einzuschätzen, quantitativ zu steuern, Mitgefühl zu entwickeln und prosoziales Verhalten zu kreieren, hängt von verschiedenen Faktoren ab. Das Trennen des Reizes vom Ich, die Unterscheidung von Ich und Du, das Erkennen der Subjektivität eigenen Wahrnehmens und Empfindens, das kognitive Bewerten sowie das bewusste Entscheiden und Aktivieren von Motivation führen weg von Mitleid oder Abwehr. Ein Verharren in sich wiederholenden leidvollen Erfahrungen, Gedanken und Emotionen kann durch achtsames Innehalten und Reflektieren belastender Erfahrungen gestoppt werden. Es ermöglicht ein bewusstes Unterbrechen bestehender Muster im Denken, Fühlen und Handeln und die Entwicklung von Mitgefühl. Beide Komponenten – Selbstmitgefühl und Mitgefühl für andere – tragen zur Erhaltung von Leistungs- und Arbeitsfähigkeit bei.

1.3.6 Prosoziales Verhalten

Mitgefühl und prosoziales Verhalten können geschult werden. Durch Training wird eine grundlegende Haltung erlangt, die Interesse am anderen und an seinen Bedürfnissen voraussetzt und zu einer bewussten kognitiven Einschätzung und Bewertung der Lage führt. Das bedeutet zum Beispiel, Klagen des Gegenübers als möglichen Ausdruck nicht befriedigter Bedürfnisse und Schmerz in Betracht zu ziehen. So können aufsteigender Ärger auf den Leidenden und eine ablehnende Reaktion verhindert werden.

Jemanden aus Mitgefühl zu schonen aufgrund des Glaubens, den anderen zu entlasten oder zu schützen, ohne dass ein Auftrag besteht oder der Wunsch geäußert wurde, ist bedenklich und stellt kein prosoziales Verhalten dar. Deshalb spielen die bewusste kognitive Betrachtung mitfühlenden Handelns und die Bewertung der Konsequenzen für den Betroffenen eine entscheidende Rolle. Schließen Helfende von sich auf andere, ohne mögliche Folgen für das Gegenüber zu bedenken, kann dieses sich entmündigt, übergangen, verletzt oder gekränkt fühlen.

Auch der kognitive Impuls »Wie dankbar mir der andere sein kann« sollte nicht als Maßstab für prosoziales Verhalten herangezogen werden. Besser ist es, zu prüfen und zu bewerten: Wozu bin ich in der Lage? Was könnte der andere brauchen? Wie wird er sich mit meiner Reaktion fühlen? Welche Konsequenzen kann meine Haltung bzw. mein Handeln für ihn haben?

Die beteiligten neurophysiologischen Hirnaktivitäten eines Menschen wie Gedanken, Überzeugungen, Glaubenssätze, Werte und Emotionen beeinflussen in einem hohen Grad seine Möglichkeiten, Mitgefühl zu zeigen, wenn er auf eine andere Person trifft, die beispielsweise Schmerzen hat. Durch Selbstreflexion und Training kann der kurze Moment, der Raum des Bewusstwerdens, wie die Situation einzuschätzen ist, es ermöglichen, eine mitfühlende, prosoziale Aktion gezielt einzuleiten – ein mitfühlendes Lächeln und Nichtstun, das situationsabhängig sinnvoll sein kann, eingeschlossen.

Durch gezielte prosoziale Handlungen erfährt der Betroffene hilfreiche Unterstützung und der Gebende eine erfüllende Aktion. Es werden ein Miteinander, ein Moment geteilter Freude und beim Helfer Sinn – aufgrund des wertvollen Beitrags für den anderen – kreiert.

1.4 Auswirkungen von Mitleid, Abwehr und Mitgefühl

Wenn Menschen, wie beim Mitleid, sich mit den Gefühlen eines anderen Menschen verbinden und ganz in die Situation eintauchen, ohne eine Möglichkeit zu haben, sich von dieser Gefühlsübertragung zu distanzieren, entsteht als Folge empathischer Stress. Wenn, wie Noll-Brinckmann (1999) anmerkt, es nicht gelingt, empathische Prozesse als zeitlich begrenztes, nur einen Teil der eigenen Gefühlswelt betreffendes Mitschwingen aufgrund der Beobachtung einer anderen Person zu gestalten, können Menschen von negativen Gefühlen regelrecht überwältigt werden. Das bloße Hineinversetzen in andere kann Menschen überfordern. Emotionales Überfließen, sich nicht abgrenzen können oder sich selbst bzw. für andere aufgeben, sich gedankenlos um andere ängstigen, unkontrolliertes Weinen und wiederkehrende Grübelschleifen, zum Beispiel mit Scham- oder Schuldgedanken, belasten nicht nur die Psyche, sondern beeinflussen langfristig – beispielsweise durch gestörten Schlaf – auch Geist und Körper.

Bewältigungsmuster zum Abwehren emotionaler Belastungen, wie das Aufrechterhalten von Distanz zum Gegenüber, können unbewusst zu Dauerstress und langfristig zu psychischer und physischer Erschöpfung führen. Denn hinter der Distanz liegende, nicht bearbeitete Erfahrungen können in zwischenmenschlichen Situationen getriggert werden und erneut aufflammen.

Im Gegensatz dazu können durch Selbstmitgefühl angenehme Emotionen aufsteigen. Auf dessen Basis können durch Mitgefühl positive Gefühle verstärkt werden. Es kann beispielsweise Freude, etwas zu bewirken, entstehen. In dieser stabilen, selbstlosen emotionalen Haltung können Menschen angemessene, mitfühlende Optionen für prosoziales Verhalten entwickeln.

Mit der schematischen Darstellung in Abbildung 1 wird den bisherigen Ausführungen eine strukturierende und visualisierende Form gegeben.

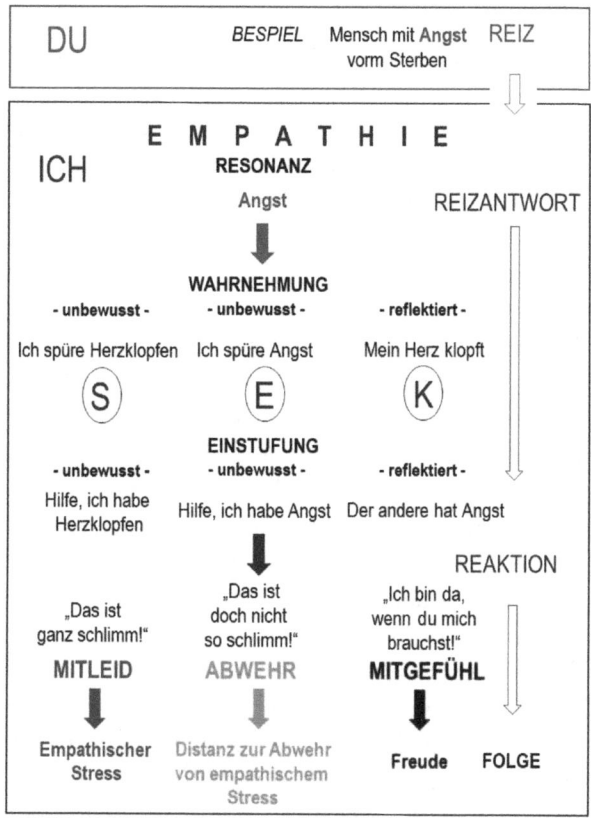

Abbildung 1: Bestandteile empathischer Prozesse
(S) somatische Empathie
(E) emotionale Empathie
(K) kognitive Empathie

1.5 Wissenschaftliche Untersuchungen zu Empathie und Mitgefühl

Es wurden aktuelle wissenschaftliche Beiträge von Psychologen, Neurologen, Hirnforschern und Biochemikern ausgewertet, um neurophysiologische und biochemische Abläufe im Gehirn bei empathischen und mitfühlenden Prozessen zu verstehen.

1.5.1 Neurophysiologische Unterschiede

Bloom (2015) ist überzeugt, dass es Unterschiede zwischen Empathie und Mitgefühl gibt. Diskutiert und beforscht wird auch, ob diese Fähigkeiten – psychische Gesundheit vorausgesetzt – trainiert werden können. Ein Problem dabei ist, dass zwischenmenschliche Aktionen zu einem Großteil unbewusst ablaufen. Dijksterhuis (2010) schreibt, dass die Informationsverarbeitungskapazität der unbewusst aktivierten Bereiche des Gehirns circa 200.000 Mal größer ist als die der bewusst arbeitenden Regionen. Die bewusste Auseinandersetzung mit unwillkürlichen Phänomenen wie Empathie und damit die Verschiebung unbewusst ablaufender Prozesse ins Bewusstsein ist deshalb begrenzt. Dennoch konnten Hirnforscher feststellen, dass die bewusste Einflussnahme auf empathische Prozesse und Schulung mitfühlender Reaktionen aufgrund der Neuroplastizität, sprich Formbarkeit des Gehirns, möglich sind. So gehen aktuelle wissenschaftliche Ansätze übereinstimmend davon aus, dass Mitgefühl lehr- und lernbar ist (Klimecki, Leiberg, Lamm u. Singer, 2013).

In verschiedenen Studien (z. B. Singer u. Klimecki, 2014) wurden Teilnehmende unter anderem mit Bildern konfrontiert, die zeigten, wie einem anderen Menschen Schmerzen zugefügt wurden. Die daraufhin bei ihnen mit funktioneller Magnetresonanztomografie (fMRT) gemessenen Hirnaktivitäten aufgrund der empathischen Resonanz fanden vor allem in den Hirnregionen[3] statt, die in Abbildung 2 schwarz dargestellt sind. Die Teilnehmenden fühlten *mit* der anderen Person und litten dadurch mit ihr mit. Singer und Kollegen (Klimecki et al., 2013; Singer u. Klimecki, 2014) fanden heraus, dass es zu empathischem Stress kommt, wenn der Wahrnehmung eines Schmerzes oder einer negativen Emotion keine entlastende Reaktion folgt.

---

3 Der sog. Inselkortex und der anteriore Gyrus cingular sind die Hirnregionen, in denen mit fMRT Empathie aufgrund des Schmerzes eines anderen Menschen festgestellt werden konnte (Klimecki et al., 2013).

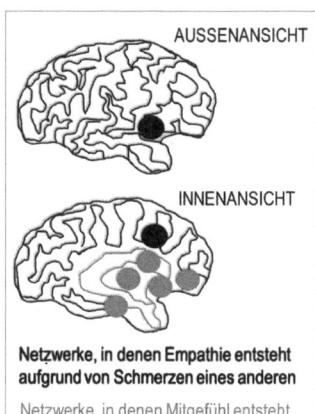

Abbildung 2: Unterschiedliche Netzwerke im Gehirn für Empathie und Mitgefühl (Singer und Klimecki, 2014)[4]

In einer darauf aufbauenden Versuchsreihe wurden die Teilnehmenden aufgefordert, sich diesem Menschen mit positiven Gefühlen zuwenden. Sie sollten nicht länger spüren, wie der andere leidet, sondern beginnen, sich von der emotionalen Betroffenheit zu distanzieren. Zudem sollten sie überlegen, was den anderen bewegen könnte und wie sie ihn unterstützen könnten. Die Teilnehmenden sollten *für* den anderen fühlen, sich ihm wohlwollend zuwenden und Ideen für prosoziales Verhalten entwickeln. Hierbei konnten im fMRT vor allem die in Abbildung 2 grau dargestellten aktivierten Netzwerke[5] ausgemacht werden.

Singer und Ricard (2015) stellen heraus, dass sich mit Mitgefühl und durch wohlwollende Zuwendung zum anderen

---

4 Die schematische Darstellung in Abbildung 2 wurde dem Artikel von Singer und Klimecki (2014) mit freundlicher Genehmigung der Autorin, Prof. Dr. Tania Singer, entnommen. Es wird ausdrücklich darauf hingewiesen, dass die Skizze keinen Anspruch auf Genauigkeit und damit Wissenschaftlichkeit erhebt, sondern lediglich der grafischen Veranschaulichung dient.
5 Fühlen Menschen für andere, konnten im fMRT vor allem der mediofrontale Cortex und das ventrale Striatum als aktive Bereiche festgestellt werden (Singer u. Klimecki, 2014).

hin unter gleichzeitiger Abgrenzung vom wahrgenommenen Schmerz des anderen eine auf den anderen bezogene Emotion entwickelt. Dieser bewusste Perspektivwechsel lässt eine Motivation mit dem Wunsch der Unterstützung entstehen, der zu positiven Emotionen wie Freude führt.

1.5.2 Biochemische Unterschiede

Im Körper des Menschen, speziell im Gehirn ablaufende neurochemische Prozesse werden von biochemischen Stoffen – Hormonen und Botenstoffen, auch Neurotransmitter genannt – ausgelöst, gesteuert, begleitet.[6] Auch emotionale und kognitive Abläufe im Rahmen von Empathie und Mitgefühl schließen biochemische Aktivitäten ein. Diese in Abbildung 3 dargestellten Abläufe bewirken, dass unter anderem Emotionen entstehen und reguliert werden können.

Jeder Botenstoff hat unterschiedliche Wirkungen, erregende bzw. aktivierende – auch sympathische genannt – oder dämpfende bzw. hemmende – auch parasympathische genannt –, die sich durch Veränderung der Konzentration anderer Neurotransmitter bzw. durch den Einfluss von Hormonen verstärken oder abgemildert werden.

So ist Dopamin beispielsweise zuständig für Antriebssteigerung und Motivation, außerdem ist es bei der Entstehung von Angst beteiligt. Noradrenalin und Acetylcholin steuern Auf-

---

6 Neurotransmitter, die zur Signalübertragung zwischen Nervenzellen beitragen, werden u. a. in Hirnanhangsdrüse und Hypothalamus gebildet. Die Ausschüttung von Botenstoffen wird durch Hormone angeregt, die u. a. in der Nebennierenrinde oder im Nebennierenmark produziert werden. Durch Nutzung gleicher Signalübertragungsstoffe, die über Synapsen bzw. synaptischem Spalt und Rezeptoren auf Nervenbahnen Informationen von Nervenzelle zu Nervenzelle weiterleiten, entstehen verschiedene Transmittersysteme. Diese durch Dopamin, Noradrenalin, Acetylcholin und Serotonin gesteuerten Systeme stehen zueinander in Wechselwirkung und beeinflussen sich gegenseitig (Kharrazian, 2018).

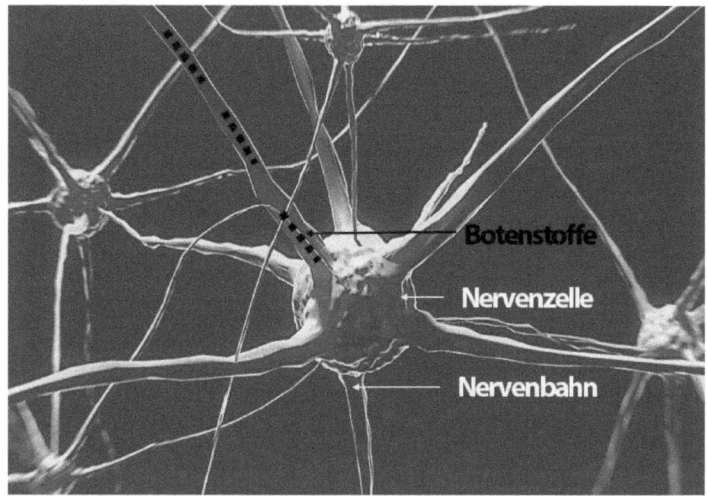

Abbildung 3: Botenstoffe – biochemische Substanzen im Nervensystem

merksamkeit, Letzteres auch die Muskelspannung. Serotonin beeinflusst Wahrnehmung und Stimmungslage. Gleichzeitig dämpft es Gefühlszustände wie Angst oder Trauer. Bei Angst, Furcht und empathischem Stress sind außerdem Hormone wie Cortisol und Adrenalin beteiligt. Bei einsetzendem Mitfühlen werden Dopamin und das Hormon Oxytocin freigesetzt, was Angst reduziert.

Bildlich kann die Botenstoffkonzentration bei unterschiedlichen Gefühlszuständen im Gehirn eines Menschen wie ein »Cocktail« mit verschieden hoher Konzentration einzelner Komponenten an Botenstoffen und Hormonen verstanden werden, wie es Abbildung 4 zeigt.

Diese fiktive Darstellung ist lediglich als Veranschaulichung der Zusammenhänge zu verstehen, die für eine x-beliebige Person angenommen wird. Empathie löst durch Resonanz jeweils ganz unterschiedliche Emotionen aus, sodass sich in der Grafik ein eventuell weniger ausgeprägter, aber ähnlicher »Botenstoff-

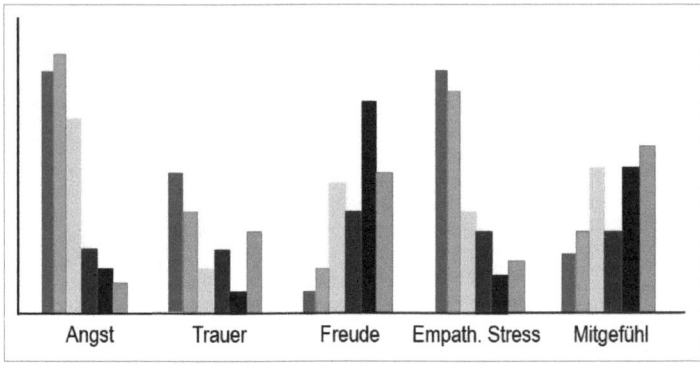

Abbildung 4: Fiktive Darstellung der unterschiedlichen Beteiligung von Botenstoffen im Gehirn

Cocktail« wie bei Angst oder Trauer zeigen wird. Er wird sich aber erheblich von dem bei Mitgefühl unterscheiden.

Forschern wie Hurlemann (Hurlemann et al., 2010) oder Kosfeld und Heinrichs (Kosfeld, Heinrichs, Zak, Fischbacher u. Fehr, 2005) gelang der Nachweis, dass Botenstoffe und Hormone Einfluss auf Empathie und Mitgefühl haben. So konnten sie nachweisen, dass Oxytocin Mitgefühl steigern und Angst mindern kann.

1.6 Empathie und Mitgefühl als Reiz-Raum-Reaktions-Modell

Es zeigt sich: Empathie heißt nicht, zu verstehen und zu wissen, wie es dem anderen geht; empathisch reagieren heißt nicht, mitfühlend zu sein; Mitgefühl bedeutet nicht, nur »mit Gefühl« zu reagieren. Ebenso betonen Ergebnisse wissenschaftlicher Untersuchungen die Sinnhaftigkeit der Abgrenzung von Mitgefühl zu Empathie und ihre Einstufung als unterschiedliche hirnphysiologische und biochemische Abläufe.

Abbildung 5: Reiz-Raum-Reaktions-Modell mit Empathie und Mitgefühl als zwei Bestandteilen von Wohlwollen

Menschen haben die evolutionsbedingte, angeborene Veranlagung – die im Verlauf der Sozialisation ausgebaut wird oder verkümmert –, dass es ihnen selbst und anderen Menschen gut gehen möge. Betrachtet man Empathie und Mitgefühl als zwei aufeinander aufbauende Teile verschiedener neurophysiologischer und biochemischer Prozesse, können sie zusammen mit »Wohlwollen« beschrieben werden. Die in Abbildung 1 veranschaulichte Darstellung kann aufgrund neuester wissenschaftlicher Untersuchungen in Abbildung 5 zum Reiz-Raum-Reaktions-Modell »Wohlwollen« verändert werden.

Wohlwollen umfasst mit der ersten Komponente Empathie die emotionale Resonanz auf die Befindlichkeit des anderen und die unwillkürliche Wahrnehmung der emotionalen Qualität. Als zweiter Bestandteil entsteht Mitgefühl mit bewusster Auseinandersetzung dessen, was konkret empfunden wird, um sich durch diese Bewertung zu entscheiden, dem anderen zu helfen. Diese Abläufe beinhalten, wahrzunehmen und zu beurteilen, wie es dem Gegenüber körperlich geht, was ihn gedanklich beschäftigt, wie er sich mutmaßlich fühlen, was er brauchen könnte und wozu ich als Akteur in der Lage bin. Dieser bewusste Prozess ermöglicht angemessene Handlungen.

Der von Frankl beschriebene Raum, der zwischen Reiz und Reaktion liegt, kann gezielt zum Wahrnehmen, Bewerten, Regulieren, Motivieren und Entscheiden genutzt werden. In diesem Raum können auf Basis von Selbstmitgefühl emotionale Impulse bewusst gespürt und reguliert sowie Mitgefühl für andere entfaltet werden. Die wohlwollende Grundhaltung mir und anderen gegenüber löst neben aktivem, prosozialem Verhalten angenehme Gefühle auf beiden Seiten aus.

2 Mitgefühl im Kontext der Gesellschaft

2.1 Gesellschaftlicher Stellenwert von Mitgefühl

Um den Stellenwert von Mitgefühl (bzw. umgangssprachlich Empathie) für Menschen im privaten oder beruflichen Kontext zu verstehen, bedarf es der Betrachtung seiner Bedeutung für die Gesellschaft. Jeder Mensch wächst in einem bestimmten Milieu auf und muss sich als Teil der Gesellschaft bestimmten gesellschaftlichen Werten und Strukturen sowie Normen von Sittlichkeit, Moral und Benehmen unterordnen. Mitgefühl ermöglicht soziale Gemeinschaft und ist Grundkompetenz im sozialen Miteinander zur Vermeidung von Eskalationen. Die sich gegenwärtig verändernden Arbeitsbedingungen – unter anderem durch Zunahme von Komplexität und Abnahme von Übersichtlichkeit durch Globalisierung und Digitalisierung – und das damit verbundene Wachsen von Angst und Unsicherheit stellen psychische Belastungen im Beruf oder Ehrenamt dar, die Mitgefühl beeinflussen können. Arbeitsbelastung und Zeitdruck lassen mitunter nur Raum für zeitlich stark begrenzte Zuwendung. Der Fokus auf Marktwirtschaft und Gewinnoptimierung belastet Einzelne und ihre Beziehungen. Menschliche Impulse, wie sich in andere einfühlen und anderen beistehen, werden in ihrer Wichtigkeit hinter strukturelle, zeitliche und materielle Aspekte gestellt. Es ist deshalb nicht verwunderlich, dass die psychischen Belastungen sich in den krankheitsbedingten Ausfallzeiten niederschlagen. Die meisten Fehltage entfielen laut Techniker Krankenkasse 2018 erstmals auf Erkrankungen mit Diagnosen aus dem Bereich psychischer Störungen. 2016 verursachten psychische Erkrankungen in Deutschland 109 Millionen Arbeitsunfähigkeitstage und Produktionsausfallkosten in Höhe von 12,2 Milliarden Euro (baua, 2016).

2.2 Mitgefühl in der Sozialwirtschaft

Für Menschen im sozialen Bereich spielt Mitgefühl eine besondere Rolle. Gleichzeitig müssen sie Mehrfachbelastungen bewältigen, die die Möglichkeit und Fähigkeit, Mitgefühl zu zeigen, einschränken können. Neben strukturellen Veränderungen müssen Beschäftigte in der Sozialwirtschaft nicht nur ihre eigenen Gefühle von Angst und Unsicherheit aufgrund sich verändernder Arbeitsbedingungen managen. Sie sind auch den emotionalen Belastungen anderer Menschen, die sie beraten, betreuen und begleiten, ausgesetzt. Häufig sind sie mit komplexen Problemlagen konfrontiert, und ihre Primäraufgabe – personenbezogene Dienstleistung – ist schwer planbar, da im Vergleich zu anderen Wirtschaftszweigen Menschen keine Konstanz bieten.

Ehemals marktferne soziale Einrichtungen mussten sich seit den 1950er Jahren mehr und mehr auch betriebswirtschaftlichen Aspekten zuwenden. Dieser Umstand kann zu inneren Konflikten bei Mitarbeitenden führen, da bürokratische Zusatzaufgaben als notwendiges Übel und als Belastung empfunden werden, wodurch die Zeit, in der sie sich den zu Betreuenden angemessen zuwenden können, eingeschränkt wird.

Besonders in Bereichen mit Zwangskontext werden negative Folgen aktueller Entwicklungen nicht gesellschaftlichen und strukturellen Veränderungen zugeordnet, sondern den Sorgearbeitenden, wie Effinger (2018) sie nennt, persönlich angelastet. Diese Situation stellt ein weiteres Spannungsfeld für Angestellte im sozialen Bereich dar. Wenn es Mitarbeitenden nicht gelingt, diese Ambivalenzen auszutarieren, kann die psychische Belastung zu Motivationsverlust, defensivem Vermeidungsverhalten und einseitigen, festgefahrenen Denk- und Handlungsmustern führen.

Das 1977 erstmals erschienene Buch von Schmidbauer »Hilflose Helfer« hatte damals ein bis dahin kaum beleuchtetes Thema aufgegriffen. Schmidbauer weist daraufhin, dass in allen sozialen Berufen – für Beratende, Trauer- und Sterbebegleitende, Sozialarbeiter, Sozialpädagoginnen, Erziehende, Lehrerinnen, Ärzte, Alten- und Krankenpflegende, Psychologinnen, Ergotherapeuten, Logopädinnen – die eigene Persönlichkeit das wichtigste Instrument ist.«Die Belastbarkeit und Flexibilität sind zugleich die Grenze [ihres] Handelns« (Schmidbauer, 1993, S. 7).

Umso höher ist der Stellenwert von Maßnahmen wie Supervision für die Sozialwirtschaft einzustufen. Ohne Supervision oder andere Formen der Reflexion und Entlastung kann Mitgefühl bei Beratenden und Trauerbegleitenden ungünstig beeinflusst werden. Zumal die Unterstützten häufig selbst nicht in der Lage sind, aufgrund verschiedener Problemstellungen – die

Anlass der Begleitung, Betreuung oder Beratung sein können – mitfühlend zu reagieren. Aggression, Ärger, Wut oder Abwehr, die sie mitbringen, kann Berater und Trauerbegleiter verführen, ihre Position zu missbrauchen.

Helfenden bleibt als Ausweg nur die Möglichkeit, sich gut um sich selbst zu kümmern. Aus diesem Grund erlangt auch Coaching für Selbstzahler eine große Bedeutung zur Entlastung, zur Reflexion biografischer Hintergründe, zum Betrachten der Irritationen aufgrund ungenügender Selbstfürsorge, zur emotionalen Regulierung und zum Aufzeigen von Wegen zur gesunden Bedürfnisbefriedigung.

Nicht selten werden von Betroffenen Zusammenhänge erst nach Jahren – häufig nach psychischer Erkrankung mit längerer Ausfallzeit – erkannt. Der Stellenwert von Selbsterfahrung als wesentlicher Grundlage von Aus- und Weiterbildung in helfenden Berufen wird noch nicht hinreichend beachtet. Effinger (2018) stellt fest, dass in »Studium und Ausbildung für soziale Berufe […] die biografischen und milieuspezifischen Muster oft nur am Rande thematisiert« werden. Hier wie in der Wirtschaft – wo Burn-out ebenfalls nicht unbekannt ist – stehen Sachthemen bei Fortbildungen auf der Agenda. Qualität der Arbeit hat aber nicht nur mit Struktur-, Prozess- und Ergebnisqualität, Sicherheits- und Risikomanagement oder Standards zu Medizin, Pflege, Hygiene oder Fallzahlen zu tun, sondern auch mit der Lebensqualität der Betreuten sowie der Mitarbeitenden.

2.3 Mitgefühl bei Krankheit, Sterben, Tod und Trauer

Es besteht ein gesellschaftliches Dilemma im Hinblick auf die Akzeptanz und das Einfühlen der Allgemeinheit bei den Themen Krankheit, Sterben, Tod und Trauer. Alle Ziele und Bemühungen der Gesellschaft und des Einzelnen sind auf Leben, Gesundheit, Gesundbleiben, Gesundwerden ausgerichtet. Politik und Gesetzgebung, Pharmaindustrie und Gesundheitswesen, Lebensmittel-,

Kosmetikindustrie und Plastische Chirurgie, Senioren- und Pflegeeinrichtungen oder Reise- und Versicherungsbranche treten für ein würdiges, lebenswertes, beschütztes, gesundes, schönes, jugendliches, sorgenfreies, glückliches und sicheres Leben ein. Jeder Einzelne investiert Energie, Geld und Zeit in Gesundheit und langes Leben, die Konfrontation mit dem eigenen unausweichlichen Tod wird dadurch verdrängt. Dennoch gehören auch Krankheit, Sterben und Tod zum Leben. Millionen Tote in den beiden Weltkriegen, die Umstände ihres Todes und die Situation der Angehörigen brachten es mit sich, dass der Trauer kaum Raum gegeben werden konnte. Beziehungen, besonders zu körperlich oder psychisch Kranken, Schwachen oder Sterbenden, wurden von unreflektierten Mustern, Widerständen, Ängsten, gesellschaftlichen Normen und Werten beschattet. So konnten Tabus, diesen Themenbereich des Lebens betreffend, durch gesellschaftlich geprägte Muster weitergegeben werden.

Marose (2020) greift in Anlehnung an eine Studie die These auf, dass es latente gesellschaftliche Normen gibt, die festlegen, wer, wann, wo, wie lange um jemanden trauern darf und wem welche Zuwendung zugestanden wird. Besteht gesellschaftliche Akzeptanz oder Mitgefühl des sozialen Umfelds, wenn um den geschiedenen Ehepartner intensiv getrauert wird trotz des neuen Lebenspartners? Wenn eine Frühgeburt stark betrauert wird, obwohl die Familie schon vier Kinder hat, oder wenn Kinder nach einem Verlust sich aggressiv und auflehnend verhalten? Können Gesellschaft oder einzelne Menschen Mitgefühl entwickeln für eine Person, die durch Selbsttötung gestorben ist und dabei den Tod anderer Menschen verursacht hat? Oder für jemanden, der sich angesichts des Verlusts eines Angehörigen scheinbar unbeeindruckt und völlig emotionslos zeigt und den Eindruck erweckt, gar nicht zu trauern?

Die Marktwirtschaft verdrängte Tod und Trauer so weit, dass lange Zeit eher allein in einem Krankenbett oder Sterbezimmer als zu Hause im Kreis der Familie gestorben wurde. Es dauerte Jahrzehnte bis – oder ein Leben lang, ohne dass – Menschen in der Lage waren, sich zu öffnen und zu trauern. Für andere angemessenes Mitgefühl entwickeln zu können, war deshalb schwierig. Diese Kultur beginnt sich zu verändern. Sie kann unterstützt werden dadurch, dass Routinen durch bewusste Reflexion unterbrochen werden. Begleitende, aber auch Leidende haben dadurch die Möglichkeit, sich und ihre Befindlichkeit wahrzunehmen. So kann eine vertrauensvolle Atmosphäre entstehen, und von Leid Betroffene können sich öffnen, um mitzuteilen, wie es ihnen geht, was sie belastet und was sie brauchen. Begleitern ist es durch diese Offenheit möglich, sich adäquat einzufühlen und zu verhalten.

2.4 Mitgefühl bei Suizidalität und Suizid

Nur in wenigen Bereichen der Gesellschaft werden Suizidalität oder vollendeter Suizid als mögliche Aspekte des Menschseins angesehen. Die Ablehnung von Suizidalität bzw. Suizid hat eine lange Tradition und ist eng mit Religion verbunden gewesen. Da das Leben als Geschenk Gottes angesehen wurde, das verstorbene Suizidenten wegwarfen, waren Bestattungen von Selbstgetöteten bis ins 20. Jahrhundert auf Friedhöfen nicht erlaubt. Verstorbene mussten außerhalb der Friedhofsmauern in »ungeweihter Erde« beigesetzt werden. Im Vereinigten Königreich wurden nach Suizidversuch Überlebende bis 1961 bestraft, weil die Krone fast einen Untertan verloren hätte. Suizidale Handlungen, die zu einem Großteil durch psychische Störungen bedingt sind (Lieb, Frauenknecht u. Brunnhuber, 2008), waren Verhaltensweisen, die von der Gesellschaft und ihren Menschen verhindert werden wollten und zum Tabu wurden.

Sowohl in Trauergruppen nach Suizid oder Einzeltrauerbegleitungen zeigt sich, dass eine Selbsttötung für Hinterbliebene häufig nicht nachvollziehbar ist. Sie trifft diese plötzlich, unerwartet und unvorbereitet wie Unfälle oder plötzliche Krankheiten mit spontaner Todesfolge. Dennoch unterscheidet sich der Tod durch Suizid, da dies ein Tod ist, der gegen bestehende gesellschaftliche und individuell angeeignete Werte und Normen verstößt. Verurteilungen und Unverständnis äußern sich in Sätzen und Fragen wie »So etwas Undankbares!«, »Wieso hat sie das Leben nicht geschätzt?«, »Hat er denn nicht gesehen, wie wir uns alle um ihn bemüht haben?«, »Sie hat uns getäuscht!«, »Er hat unsere Familie ins Unglück gestürzt!«, »Sie ist es nicht wert, dass man um sie trauert!«.

Umso wichtiger ist die Bewusstmachung von Faktoren, die Suizidalität auslösen, und das Erkennen von Zusammenhängen, die zum Suizid führen können (Schenk, 2014), um diese Phänomene aus dem gesellschaftlichen Tabu ans Licht zu holen. Durch Aufklärung und Prävention kann dazu beigetragen werden, dass Menschen jeden Alters Wege zur psychischen Entlastung und zum Mitgefühl durch andere finden.

III Einflussfaktoren auf Qualität und Quantität von Mitgefühl und Auswirkungen fehlenden Mitgefühls

Die Art und Weise sowie das Ausmaß von Mitgefühl hängen von vielfältigen Faktoren und innerpsychischen Abläufen der beteiligten Personen ab. Diese Faktoren und inneren Prozesse können vor allem, wenn sie unbewusst bleiben, dazu führen, dass Mitgefühl erheblich von dem abweicht, was allgemein als angemessen gilt. Einfluss auf Mitgefühl haben unter anderem Intuition, die Fähigkeit, emotional mitzuschwingen, Selbstwahrnehmung, Selbsteinschätzung, Selbststeuerung und Selbstschutz. Aber auch Fertigkeiten, wie sich zu motivieren, Mut zu entwickeln, sich entscheiden zu können, sowie Wissen, Erfahrungen, Bewusstmachung und kognitive Bewertung der Situation, um sinnvoll und angemessen reagieren zu können, beeinflussen mitfühlende Zuwendung.

Anders als Empathie, die passiv im Sinn von willenlos ist und Menschen entsprechend ihrer aktuellen Disposition spontan überfallen kann bzw. unbewusst ins Mitschwingen versetzt, ist angemessenes Mitgefühl eine bewusst geplante, willentlich und aktiv gesteuerte Reaktion.

Evolutionsbedingt unterliegen Menschen dem Streben nach Gruppenzugehörigkeit. Ist diese nicht sichergestellt, entsteht Stress. Leben und Gesundheit in der Sippe sicherte einmal ihre Existenz und führt auch heute noch dazu, dass nahestehende Personen besonders wichtig sind. Menschen reagieren auf diesen Personenkreis deshalb unbewusst emotionaler und mitfühlender – intakte Beziehungen vorausgesetzt – als auf fremde Personen. Auch heute noch greifen Menschen unbewusst auf die evolutionsbedingten, tief verankerten Verhaltensmuster Kämpfen, Fliehen oder Totstellen – besonders in Stresssituationen – zurück, wenn keine adäquaten Muster, um mitzufühlen, entwickelt sind. Wissenschaftler weisen (Warrier et al., 2018) auf diese genetischen Einflüsse, aber auch soziale Faktoren wie frühkindliche Erfahrungen hin, wenn es um die Entwicklung der Fähigkeit geht, sich einzufühlen. Neben sozialen Gegebenheiten in der Herkunftsfamilie – wie die erfahrene liebevolle fürsorgliche Zuwendung und Kommunikationsfähigkeit von Eltern und anderen wichtigen Bezugspersonen – haben auch gesellschaftliche und kulturelle Verhältnisse Einfluss auf die Art und Weise von Mitgefühl. Auch Gilbert (2009) beschreibt die Auswirkungen emotionaler Zuwendung in der Sozialisierung auf die Möglichkeit, sich emotional zu entwickeln und als Erwachsener mitfühlend zu reagieren.

Damit Reaktionen von anderen Menschen als angemessen empfunden werden, müssen Resonanz und Wahrnehmung als Grundvoraussetzungen für Mitgefühl beim Gebenden (Sender), aber auch beim Gegenüber als Nehmer (Empfänger) ausgeprägt und geschult worden sein. Denn die Wirkung von Mitgefühl hängt nicht nur vom Sender ab. Entscheidend ist, wie die mitfühlende Zuwendung vom Gegenüber empfunden wird. Auch der Empfänger kann aufgrund persönlicher Erfahrungen, Einstellungen, angeeigneter Denk-, Fühl- und Verhaltensmuster sowie anderer Faktoren Einfluss auf eine mitfühlende Reaktion des Senders nehmen. Aufgrund der Subjektivität von Wahrnehmung, Werten, Bedürfnissen und Motiven können Sender und Empfänger, trotz jeweils angemessen erscheinender Reaktionen, dennoch irritiert oder gar gekränkt sein.

Als unangemessen können Reaktionen des Senders empfunden werden wie das Erteilen von Ratschlägen, rationale Erklärungen ohne emotionale Beteiligung, Beschwichtigen oder Ablenken, beispielsweise durch einseitiges Erzählen von sich. Ebenso wenig ist das unreflektierte Zustimmen mit Aushalten, Nicken, Lächeln des Empfängers auf eine Mitgefühl ausdrückende Reaktion des Senders hilfreich. Es kann zur Abwehr des Mitgefühlnehmers kommen, weil die mitfühlend gemeinte Reaktion von ihm als unangemessen oder belastend empfunden wird. Erlebte Verletzungen, nicht wahrgenommene Bedürfnisse oder auferlegte Verbote – wie beispielsweise Familiengeheimnisse – können Angst auslösen und die Überzeugung, sich schützen zu müssen.

Auch Randbedingungen, wie das jeweilige Setting und andere Gegebenheiten, die außerhalb der beteiligten Personen liegen, haben Einfluss auf Maß sowie Art und Weise von Mitgefühl bzw. Reaktionen darauf. Maßgeblich ist, dass meist verschiedene Faktoren in Kombination zusammenkommen. Dabei sind jedes Leid und jedes Bedürfnis nach und Verständnis von Mitgefühl so individuell wie jeder Mensch, der von Leid betroffen ist oder Mitgefühl geben möchte.

1 Psychische und physische Verfassung

Die eigene Befindlichkeit und die des Gegenübers spielen bei der Frage nach angemessenem Mitgefühl und der Reaktion darauf eine entscheidende Rolle. Stress aufgrund bekannter oder unbewusster Problemstellungen können vom Sender oder Empfänger so viel Energie fordern, dass Mitgefühl für andere nicht entwickelt oder nicht angemessen darauf reagiert werden kann.

1.1 Bedürfnisse

Die physische und psychische Verfassung hängt entscheidend von der angeeigneten Fähigkeit der Beachtung und regelmäßigen und ausreichenden Befriedigung eigener Bedürfnisse ab. Dabei spielen nicht nur physische Bedürfnisse wie beispielsweise Essen, Trinken, Schlafen, Arbeiten, Bewegen und Entspannen eine Rolle. Auch psychische Grundbedürfnisse haben Einfluss auf Wohlbefinden, Zufriedenheit, innere Balance und stabile Verfassung. Menschen sind psychisch stabil, wenn sie sich sicher fühlen und Einfluss auf ihr Leben, ihre Bedürfnisse, ihre Beziehungen und Kontakte zu anderen Menschen nehmen können, wenn sie ihr Selbstwertgefühl gut stabilisieren sowie Lust und Unlust gut steuern können.

1.2 Bindung und Beziehung

Auch wie sich zwischenmenschliche Beziehungen entwickeln und gestalten, hat Auswirkungen auf die Art und Weise, die Möglichkeit und Bereitschaft, sich angemessen einzufühlen. Wachsen Kinder in einem unsicheren Umfeld mit instabilen Bezugspersonen auf, können sich Bindungs- und Beziehungsstörungen entwickeln, die sich nicht therapiert bis ins Erwachsenenalter halten. Beziehungen können auch durch offene oder verdeckte, nicht geklärte Konflikte oder Geheimnisse gestört sein. Menschen mit ungünstigen Beziehungserfahrungen kann es weniger leichtfallen oder sogar unmöglich sein, empathische Impulse in angemessenes Mitgefühl für andere zu verwandeln.

Symbiotische Beziehungen sind durch die unbewusste Einwirkung der Eltern – meist eines Elternteils – in der Kindheit entstanden und können es erschweren, angemessenes Mitgefühl zu entwickeln. Betroffene tendieren dazu, sich mit Sichtweisen, Gefühlen, Bedürfnissen und Wünschen, aber auch mit dem Leid des Gegenübers zu identifizieren und diese als eigene Anteile wahrzunehmen. Durch die destruktive Verschmelzung in symbiotischen Beziehungen entsteht Abhängigkeit. Die Fremdorientierung führt zur Selbstentfremdung und damit auch zur Störung des gesunden Mitgefühls sich selbst und anderen gegenüber. Menschen empfinden häufig Mitleid mit anderen, was sie massiv überfordern kann. Ungünstige Beziehungserfahrungen haben auch maßgeblichen Einfluss auf Selbstachtung und Selbstwertgefühl.

1.3 Krankheit, Sterben, Tod und Trauer

Besonders Pflegemaßnahmen bei längerer und schwerer Krankheit sowie Sterbebegleitung in der Familie können Angehörige bei fehlendem Selbstmanagement so überfordern, dass jegliches Mitgefühl für den Leidenden und andere schwinden kann. Wenn die Pflegesituation beendet ist bzw. der Angehörige verstorben ist, können Pflegende durch die Dauerbelastung aufgrund der Überzeugung »Ich konnte sie doch nicht alleinlassen« selbst erkranken. Auch der nach dem Verlust einsetzende Trauerprozess kann bei fehlenden Möglichkeiten, bewusst zu trauern, zur Überforderung führen. Einsamkeit und belastende Gedanken können ebenfalls eine emotionale Überlastung nach sich ziehen. Der Glaube, funktionieren zu müssen, kann auch mitfühlende Hinweise oder Angebote zur Entlastung abprallen lassen. Teufelskreise – aus dem Bemühen, dem Trauernden zu helfen, aber nicht helfen zu können, sowie Hilfe von anderen annehmen zu wollen, aber nicht zu können – können entstehen.

1.4 Emotionale und körperliche Überforderung

Erschöpfung kann viele Ursachen haben. Empathischer Stress durch mangelnde Abgrenzung, Mitleiden, nicht verarbeitete, belastende Erfahrungen aus der Vergangenheit oder eingeschränkte Anpassung an aktuelle Gegebenheiten bzw. Veränderungen sind mögliche Faktoren für Überlastung. Auch nicht bearbeitete Gefühle wie Angst oder Scham beeinflussen die Möglichkeit, sich anderen angemessen zuzuwenden.

Das mit dem Wort »Burn-out« beschriebene Syndrom umfasst die sich einstellende Erschöpfung und Entwicklung depressiver Symptome, verbunden mit sozialem Rückzug und Verlust an Freude und Interessen. Das Vorwerfen mangelnder Wertschätzung durch andere, plötzliche Angstzustände, Reizbarkeit, Ungeduld, Intoleranz können ebenfalls Anzeichen ganzheitlicher Überforderung sein. Oft wird Burn-out erst diagnostiziert, wenn Mitgefühl für andere abhandengekommen und eine Arbeitsunfähigkeit nicht mehr abzuwenden ist.

Auch körperliche Beschwerden mit wiederkehrenden Symptomen und Schlafstörungen können sich aufgrund von Überlastung zeigen. Die Unfähigkeit, wahrgenommene Signale – somatische Marker – so zu regulieren, dass das innere Gleichgewicht wiederhergestellt wird, kann zu Unsicherheit und Angst führen. Wenn innere Schutzmechanismen versagen, die innere Anspannung nicht reguliert und die Psyche nicht entlastet werden kann, sondern der Mensch über einen längeren Zeitraum Stress ausgesetzt ist, hat das psychische und physische Auswirkungen.

Hier zeigt sich die Wichtigkeit von Selbstwahrnehmung, Selbststeuerung und Selbstregulierung, um ein gesundes und stabiles Gefühl sich selbst gegenüber entwickeln und anderen Mitgefühl geben zu können. Diese Fähigkeiten brauchen neben der Abgrenzung, um auf eigene Bedürfnisse zu achten, auch das Bewusstsein für die Notwendigkeit des Einbeziehens kognitiver Prozesse.

2 Kognitive Haltung

Die Haltung sich selbst und anderen Menschen gegenüber wird Kindern in ihrer Herkunftsfamilie vermittelt. So wie Eltern und andere wichtige Bezugspersonen über sich denken, mit sich umgehen und über Nachbarn oder Fremde sprechen, so werden Kinder ihre Haltung zu sich selbst und zu anderen Personen ausrichten. Diese frühen Erfahrungen führen zu prägenden Denkmustern, Einstellungen, Sichtweisen, Glaubenssätzen und Überzeugungen, die entweder ein Leben lang beibehalten oder in der Pubertät oder später reflektiert, überprüft und gegebenenfalls verändert werden.

2.1 Erfahrungen, Sichtweisen, Einstellungen, Überzeugungen, Haltung sich selbst und anderen gegenüber

Eine gesunde kognitive Einstellung sich selbst gegenüber ist die Grundlage für angemessenes Selbstmitgefühl, welches wiederum befähigt, sich auch in andere gedanklich hineinzuversetzen und sich ihnen mitfühlend zuzuwenden. Es besteht eine enge Verbindung zwischen den erworbenen Sichtweisen, Überzeugungen und der Einstellung und Haltung sich selbst gegenüber, dem dadurch entwickelten Selbstmitgefühl und der daraus resultierenden physischen und psychischen Verfassung. Gelingt es nicht, sich selbst zu achten, wertzuschätzen und die Prüfung eigener Ressourcen vor den unbewussten Impuls zur Hilfe zu stellen, wird das Risiko, sich zu überfordern, begünstigt. Weitere, das Mitgefühl einschränkende Faktoren sind Gedankenkonstrukte wie ein schlechtes Gewissen, das Gedanken an Schuld impliziert.

Frühe Prägungen lassen Glaubenssätze als »innere Antreiber« mit »Mach es allen recht!«, »Beeil dich!«, »Streng dich an!«, »Mach es perfekt!« oder »Sei stark!« entstehen, die nicht nur die eigene Handlungsfreiheit einschränken, sondern langfristig auch überfordern. Sie begünstigen das Phänomen, den Menschen, die diesen Antreibern nicht unterliegen, nur eingeschränkt Mitgefühl entgegenbringen zu können. Ebenso verhält es sich mit »inneren Kritikern«, die einen selbst und andere verurteilen, wenn verinnerlichte – wenn auch nicht (mehr) angemessene – Werte und Normen nicht eingehalten werden.

Destruktive Denkmuster, wie sie Beck beschrieben hat (Lieb et al., 2008), beispielsweise Generalisieren mit »Alles ist schlecht«, Gedankenlesen mit »Ich weiß es einfach« oder Katastrophisieren mit »Dieser Fehler ist eine Katastrophe«, sind nicht nur wenig nützlich, sondern können auch mitfühlende Reaktionen anderer zunichtemachen. Ausgeprägte Selbstbezogenheit mit egozentrierter Bewertung von Interaktionsmustern anderer kann es unmöglich machen, Mitgefühl für sie zu entwickeln. Denkmuster über sich selbst unterliegen genauso wie Einstellungen anderen oder bestimmten Menschengruppen gegenüber, beispielsweise Männern, entsprechend prägenden Erfahrungen. So können sich Sympathien oder Abneigungen entwickeln, die es erleichtern oder erschweren, Mitgefühl zu entwickeln.

In Lübeck, am mittelalterlichen Haus der Schiffergesellschaft, steht der Spruch: »Allen zu gefallen, ist unmöglich.« Auf Mitgefühl bezogen, könnte er bedeuten, dass die beste Absicht nicht die beste Art und Weise sein muss, Mitgefühl zu zeigen, und dass deshalb auch Mitgefühl mit bester Absicht vom Gegenüber abgelehnt werden kann. In Beratung und Trauerbegleitung wird in Gruppen oft das Phänomen erlebt, dass der eine erzählt, was er an Mitgefühl braucht, und der andere unbewusst den Kopf schüttelt, weil er das nicht versteht. Das Bedürfnis des Empfängers sowie der Glaube des Senders zu Qualität und Quantität des nötigen Mitgefühls für den Empfänger sind wie jeder andere menschliche Aspekt so individuell, dass allgemeingültige Empfehlungen ins Leere laufen. Ohne sich bezüglich des Bedürfnisses des Mitgefühlempfängers abzustimmen, wird es zu nicht erfüllten Erwartungen, Missverständnissen oder gefühlten Übergriffen kommen, die beide Seiten verunsichern.

Nachfolgend werden Irritationen und Abwehr von Teilnehmenden – Mitgefühl sendenden und empfangenen Personen – aus Beratung und Trauerbegleitung vorgestellt, die teilweise verständlich sein und teilweise nachdenklich stimmen werden (in den Beispielen wird Mitgefühl von den Betroffenen auch mit »Empathie« oder »Mitleid« bezeichnet):

- »Für den Pkw-Fahrer kann ich kein Mitleid empfinden, er hatte eine Wahl, mein Mann nicht.« – Reaktion einer Frau in der Trauergruppe auf den Unfalltod ihres Mannes (Lkw-Fahrer) nach Kollision mit einem ebenfalls verstorbenen Pkw-Fahrer.

Kognitive Haltung 49

- »Ich unterdrücke meine Empathie, damit sie nicht noch mehr leidet.« – Die Art und Weise einer Supervisandin, mitfühlend auf eine erkrankte Kollegin zu reagieren.
- »Empathie ist ein Geschenk. Wenn ich merke, es kommt beim anderen nicht an, höre ich auf.« – Supervisandin in einer Teamsupervision.
- »Ich möchte nicht, dass andere empathisch reagieren, das ist mir momentan zu nah.« – Hinterbliebene nach Suizid in einer Trauergruppe.
- »Ich bin so wütend auf ihn, da ist keinerlei Mitgefühl möglich.« – Reaktion einer Frau in Einzeltrauerbegleitung auf den Suizid des Bruders.
- »Ich konnte Mitleid noch nie aushalten.« – Situation einer Hinterbliebenen nach Suizid in Einzeltrauerbegleitung.
- »Ich verstelle mich, ich will andere nicht betroffen machen.« – Reaktion einer an Krebs erkrankten Frau im Coaching.
- »Sie will kein Mitleid.« – Sterbebegleiterin in Einzelsupervision über eine Sterbende.
- »Weißt du nicht!« – Reaktion einer Teilnehmerin der Trauergruppe auf die mitfühlend gemeinte Zuwendung »Ich weiß, wie du dich fühlst«.
- »Ich bin im eigenen Unglück gefangen.« – Situation einer Hinterbliebenen nach Suizid des Sohnes (sechs Jahre zuvor), die in Einzelsupervision versucht, als Führungskraft Mitgefühl für das verstorbene Kind einer Mitarbeiterin aufzubringen.
- »Wenn jemand mich verletzt hat, ist keine Empathie möglich.« – Reaktion eines Coachees auf eine ihm nahestehende Trauernde.
- »Wenn ich das Gefühl habe, von jemandem ausgenutzt zu werden, und es geht ihm dann irgendwann schlecht, kann ich kein Mitgefühl haben.« – Reaktion eines Supervisanden auf eine trauernde Kollegin.

- »Wenn ich von meinem verstorbenen Partner erzähle und sie fängt an, zu weinen, das finde ich übergriffig.« – Frau in der Trauergruppe über eine mitleidende Kollegin.
- »Oh Gott, das darf ich nicht erzählen, sonst werden die Tränen noch größer.« – Angst einer Frau vor mitfühlenden Reaktionen in der Trauergruppe.

Die Aussagen zeigen deutlich, welchen Einfluss Erfahrungen haben und wie diese in aktuellen Situationen das Maß sowie Art und Weise, sich in andere einzufühlen, einschränken können. Gleichzeitig zeigt sich, wie schwierig es sein kann, Mitgefühl anzunehmen.

2.2 Unwissenheit

Unwissenheit hat, wie alle Aspekte im Leben, aufgrund der Polarität zwei Seiten. Sich in der Trauerbegleitung einem anderen mit einer nichtwissenden Haltung zuzuwenden, ist insofern hilfreich, als dass die Gefahr, ihm eigene Überzeugungen oder Ideen zum Mitgefühl aufzudrängen, verringert werden kann. Unbewusst aufsteigende Signale, die aufgrund vorangegangener Erfahrungen zu Annahmen, Voreingenommenheit, Vorurteilen oder Festschreibungen führen, können durch eine nichtwissende Einstellung verhindert werden. Mitgefühl kann eher fließen bzw. angemessen wirken, wenn es vom Sender durch einen inneren Dialog begleitet wird wie: »Ich weiß eigentlich nichts über den anderen; auch wenn ich ihn schon lange kenne, können es nur Vermutungen, Ideen, Ahnungen sein, was ich glaube, zu wissen«.

Unwissenheit kann aber auch bestehendes Leid vergrößern. Da Krankheit, Sterben, Tod und Trauer in der Gesellschaft Bereiche sind, die eher abgewehrt werden, kann das Tabu dazu führen, dass Menschen nicht umfassend informiert sind. Auch Mitarbeitende in sozialen Bereichen können nicht zu allen Facetten eintretender Beratungs- oder Begleitungsanliegen ausreichendes

Wissen haben. Fehlendes Fachwissen, fehlende kulturspezifische oder nicht reflektierte biografische Erfahrungen und Abwehr können zu Situationen führen, in denen alle Beteiligten – Beratende und Beratene, Begleitende und Begleitete – überfordert sind. Unwissenheit kann ein Becken sein, aus dem Denk-, Fühl-, Verhaltens- und Haltungsmuster aufsteigen, die keinen Raum für Mitgefühl lassen, sodass andere gekränkt und verletzt werden können. Wissensaneignung kann Abhilfe schaffen.

Auch Hinterbliebene nach Suizid sind aufgrund ihrer Unwissenheit aus der Bahn geworfen und können die unglaubliche Art und Weise des Verlustes nicht begreifen. Nach Schock, Ablehnung, Gedanken- und Gefühlschaos und langsamer Stabilisierung suchen Betroffene in ihrer Trauer auch die Erfahrungen anderer und nach Informationen und Hintergründen zum Thema Suizid. Dieses neue Wissen kann Entlastung und eine Verringerung von Angst, Verzweiflung, Scham und Schuldgedanken bringen, was langfristig die Akzeptanz des Geschehenen fördert (Schenk, 2014).

Es ist ein menschliches Phänomen, dass das Ansprechen möglicher Verletzungen und das Bearbeiten erfolgter Kränkungen, die bei bereits Leidenden den psychischen Schmerz vergrößern können, in Settings wie Beratung, Trauerbegleitung oder Psychotherapie eher möglich sind, als Unwissende zu informieren: Mit präventiven Maßnahmen zu motivieren und Nichtwissen zu reduzieren, um zukünftiges Leid zu verringern, ist aufgrund fehlenden Leidensdrucks bei Nichtbetroffenen nicht einfach.

3 Psychische Störungen

Psychische Erkrankungen haben als Faktor für eingeschränktes Mitgefühl einen besonderen Stellenwert. Sie gehen entweder einher mit nicht angelegten neuronalen Verknüpfungen – beispielsweise aufgrund emotionaler Vernachlässigung in der frühen

Kindheit – oder mit Störungen in den Regionen des Gehirns, die für Wahrnehmung, Emotionen, Selbstregulation, Perspektivübernahme, Empathie und Mitgefühl zuständig sind, bzw. mit einem gestörten biochemischen Gleichgewicht im Gehirn. Bei Fehlregulationen kann aktuell wissenschaftlich noch nicht klar differenziert werden, ob sie Ursache oder Folge psychischer Erkrankungen sind.

Nicht aktivierte Neuronen oder ein Ungleichgewicht der Botenstoffkonzentrationen können zu Einschränkungen führen, angemessenes Mitgefühl zu zeigen oder zu empfangen.

3.1 Depression

Depressionen treten häufig im Zusammenhang mit Überforderung und Diagnosen wie Burn-out auf. Fehlende Abgrenzung und überkorrektes, perfektes Funktionieren über einen langen Zeitraum führen durch den stetigen hohen Stresslevel bei manchen Menschen zwangsläufig irgendwann zu einer Depression, die sich im Gehirn mit typischen biochemischen Veränderungen zeigt. Diese Veränderungen sind in diesem Fall Folge und nicht Ursache der psychischen Erkrankung. Bei genetischer Veranlagung können aufgrund biochemischer Verschiebungen im Gehirn psychische Störungsbilder eher und mit niedrigerem Stresslevel entstehen, sodass die hirnspezifische Biochemie hier die Ursache der psychischen Störung ist (Kharrazian, 2018).

Depressionen gehen häufig einher mit typischen Beschwerden wie gedrückter Stimmung, Niedergeschlagenheit, Interessenverlust und Antriebsmangel. Oft treten auch Konzentrations- und Aufmerksamkeitsstörungen, vermindertes Selbstwertgefühl, Gefühle von Schuld und Wertlosigkeit, negative Gedanken die Zukunft betreffend, Schlafstörungen, verminderter Appetit, aber auch Selbsttötungsgedanken oder -absichten auf. Da eine Depression auch einen atypischen Verlauf nehmen kann, mit Ermüdung, schweren Armen und Beinen, aber auch gesteigertem Appetit, ist ihr Erkennen als Ursache entsprechender Auswirkungen, wie schwindendem Mitgefühl für andere, häufig unmöglich. Betroffene können sich bei einer agitierten Depression auch plötzlich rastlos und getrieben fühlen und von innerer Unruhe oder Angstzuständen gequält werden. Auch sogenannte larvierte Depressionen mit Schmerzzuständen, die depressive Symptome verdecken, sind möglich. Beschäftigte in Beratung, Betreuung oder Begleitung oder ihre Klientel fallen mitunter lediglich dadurch auf, dass sie plötzlich weniger mitfühlend sind.

3.2 Angststörung

Ähnlich kann es sich bei Angststörungen verhalten. Diese können neben Angst auch von Herzrasen, Atemnot, Zittern, Schwitzen, aber auch Übelkeit, Enge im Brustkorb oder Schwindel begleitet werden. Auch hier, da Symptome zusätzlich Angst und Scham auslösen können, kann das Bemühen, sich wie immer zu verhalten, scheitern, und die Erkrankung kann sich in einer plötzlichen oder schleichend beginnenden Störung des wohlwollenden Einfühlens in andere zeigen.

Diese psychischen Erkrankungen werden der Kategorie »ich-dyston« zugeordnet. Menschen empfinden ihre Gedanken, Gefühle und Impulse als nicht zu sich gehörend und belastend. Aufgrund der Wahrnehmung »Irgendetwas stimmt nicht mit mir« wird von Betroffenen – bei entsprechender Motivation – bei Ärzten oder in Therapie Unterstützung gesucht.

3.3 Persönlichkeitsstörungen

Anders verhält es sich bei Persönlichkeitsstörungen. Da diese sich in Kindheit und Jugend entwickeln und Betroffene seit Langem begleiten, werden emotionale, kognitive und Verhaltensmuster von ihnen als zur eigenen Person gehörend erlebt. Diese Störungen werden der Kategorie »ich-synton« zugeordnet. Wahrnehmen von Leidensdruck und Erkennen eines Krankheitswertes sind schwieriger. Wenn überhaupt, werden sie nur durch die

Reaktionen anderer ausgelöst. Deshalb werden andere für auftretende Schwierigkeiten verantwortlich gemacht. Maßnahmen wie Beratung oder Psychotherapie werden eher aus Zwang aufgesucht. Die Entfaltung der Persönlichkeit ist bei diesen Störungen defizitär ausgeprägt worden. Neben genetischer Veranlagung und traumatischen Erfahrungen spielen als Ursachen für die Entstehung vor allem psychosoziale Faktoren eine Rolle. Psychische Belastungen oder psychische Erkrankungen der Eltern können einen ungünstigen Erziehungs- oder nicht geglückten Bindungsstil zur Folge haben. Dies kann zu fehlendem sozialen Rückhalt und unzureichender Erfüllung der Grundbedürfnisse des Kindes führen, wodurch Selbstmitgefühl und Mitgefühl für andere gestört sein können.

Im Berufsalltag von Trauerbegleitenden und in Beratung oder Therapie fallen Betroffene unter anderem durch fremd und unflexibel wirkende, starre, sich wiederholende Muster auf. Zu möglichen Einschränkungen bei Persönlichkeitsstörungen zählen Beeinträchtigungen der Affektregulation, eine gestörte Fähigkeit, emotionale Gesichtsausdrücke zu erkennen, fehlende kognitive Flexibilität, beeinträchtigte Selbstkontrolle und Möglichkeit der Perspektivübernahme.

Depressionen und bestimmten Persönlichkeitsstörungen wie dem Borderline-Syndrom gemeinsam ist als Folge der unerträglichen psychischen Überlastung das erhöhte Risiko, dass sich suizidale Gedanken, Absichten und Handlungen entwickeln, die eine einfühlende Hinwendung zu anderen unmöglich machen.

3.4 Belastungsreaktionen sowie Belastungs- und Anpassungsstörungen

Belastungsreaktionen treten akut auf als plötzliche, extrem erlebte, vorübergehende Überforderung aufgrund äußerer Reize wie beispielsweise durch die Anwesenheit bei einem Unfall, aber auch durch plötzliche Veränderung, massive Einschränkung oder durch eine als verletzend wahrgenommene Kränkung. *Belastungs- und Anpassungsstörungen* entwickeln sich dagegen chronisch durch innere Reize einer psychischen Instabilität aufgrund andauernder emotionaler Überforderung in der Vergangenheit. Emotionale Überforderung – besonders bei Kindern und Jugendlichen unter circa zwanzig Jahren aufgrund des noch nicht vollständig ausgereiften Gehirns – kann die Belastungsgrenze von Menschen übersteigen. Können Belastungen, die individuell als extrem erlebt wurden, aufgrund verminderter psychischer Widerstandskraft langfristig nicht verarbeitet werden, hat das Folgen, es kann sich eine *Posttraumatische Belastungsstörung (PTBS)* entwickeln. Sind Möglichkeiten der Unterstützung nicht bekannt oder werden nicht in Anspruch genommen, leben Menschen mit einer PTBS über Jahre, wenn nicht Jahrzehnte im Überlebensmodus. Ihr Denken, Fühlen, Handeln und angemessene Reaktionen sind eingeschränkt. Die eigene Überforderung hat auch Einfluss auf Mitgefühl sich selbst und anderen gegenüber.

3.5 Verhaltens- und Entwicklungsstörungen

Auch Verhaltens- und Entwicklungsstörungen wie etwa Autismus gehen mit erheblich begrenzten Fähigkeiten einher, Mitgefühl zu zeigen. Beim Autismus sind Wahrnehmen und Verstehen von Gefühlsqualitäten, Interpretieren von Mimik und Gestik, Einfühlen in andere Menschen und Erkennen ihrer Motive, Kontaktaufnahme und Beziehungsgestaltung sowie Kommunikation gestört.

3.6 Abhängigkeits- und andere psychische Erkrankungen

Bei Abhängigkeitserkrankungen werden langfristig ebenfalls Veränderungen im Wahrnehmen und Regulieren von Gefühlen und Gedanken sowie im Einfühlen in andere auftreten, da sie bei exzessivem, andauerndem Alkohol-, Tabletten- oder Drogenkonsum zu hirnorganischen Veränderungen führen.

4 Suizidalität

Als extrem erlebte Erfahrungen, die die eigene Person oder deren Ansehen betreffen, können zum Abwenden der empfundenen Schande oder des Schmerzes nicht selten zu Zwangsgedanken führen, die die eigene emotionale Entlastung – selten den eigenen Tod – zum Ziel haben. Betroffene sehen nur noch eine Selbsttötung als Ausweg. Sie sind physisch und psychisch nicht mehr in der Lage, sich auf andere oder etwas anderes einzulassen. Es ist davon auszugehen, dass aufgrund der emotionalen Überflutung sich Botenstoffkonzentrationen im Gehirn verändern und die Umwelt nur noch eingeengt wahrgenommen werden kann. Bei empfundener Extrembelastung mit Verzweiflung, Ohnmacht und fehlender Möglichkeit, den sogenannten Tunnelblick mit sich aufdrängenden suizidalen Gedanken zu weiten, ist Betroffenen das Beenden der Ausweglosigkeit nur noch durch Aggressionsumlenkung auf sich selbst mit einer suizidalen Handlung möglich (Schenk, 2014).

Für Hinterbliebene nach Suizid wie für Angehörige von Menschen, die einen Selbsttötungsversuch überlebt haben, vor allem aber auch für Fremde kann es – besonders kurz danach – unmöglich sein, Mitgefühl für den durch Suizidversuch Erkrankten oder durch vollendeten Suizid Verstorbenen zu entwickeln. Werden Menschen mit dem Thema unvorbereitet konfrontiert, ohne vorausgehende reflektierte Erfahrungen bzw. bewusste Auseinandersetzung mit dem Erkennen von Zusammenhängen, kann ihnen ein Leben lang unverständlich bleiben, »wie jemand so etwas tun konnte«.

5 Abwehr als Schutzmechanismus

Belastende Erfahrungen müssen nicht in psychischen Erkrankungen enden, es können sich, um Überleben und Handlungsfähigkeit des Menschen zu sichern, auch stressabwehrende Mechanismen entwickeln. Abwehrmechanismen und Kontaktstörungen sind unbewusste Bewältigungsmuster. Dabei werden biochemische Vorgänge im Gehirn ausgelöst, die autonome Aktionen und Schutzmechanismen der menschlichen Psyche sind und das psychische Gleichgewicht der Betroffenen erhalten bzw. wiederherstellen sollen. Diese das eigene Ich schützenden intrapsychischen Abläufe stellen ein Abwehren der emotionalen Überforderung dar. Es entstehen regulierende Vorgänge, die als Folge entlastende Verhaltensweisen unbewusst zur Verfügung stellen, was auch die Art zu denken, zu fühlen oder Kontakt zu anderen aufzunehmen betrifft. Menschen nutzen in Abhängigkeit vom Persönlichkeitstyp bestimmte Mechanismen eher als andere. Häufig verbergen sich hinter ihnen Muster, die sich bereits in der Kindheit entwickelt haben. Diese werden in Stresssituationen auch im Erwachsenenalter – bis zur Be- bzw. Verarbeitung des innerpsychischen Konflikts – unbewusst immer wieder abgerufen.

5.1 Abwehrmechanismen

Zu den belastende Erinnerungen, Motive, Gedanken und Gefühle abwehrenden psychodynamischen Mechanismen, die im Zusammenhang mit empathischem Stress oder eingeschränktem Mitgefühl bedeutend sein können, zählen unter anderem Projektion, Rationalisierung, Regression, Reaktionsbildung, Verdrängung, Verleugnung und Verschiebung (Mentzos, 2013). Diese und andere Abwehrmechanismen können eine bewusste Verarbeitung empathischer Impulse und die Umwandlung in angemessenes Mitgefühl erschweren oder beides blockieren. In

Trauerbegleitungs- und Beratungssituationen spielen, wenn es um Mitgefühl für das Gegenüber geht, Übertragung und Gegenübertragung eine entscheidende Rolle.

5.1.1 Projektion

Bei der Projektion werden eigenes Erleben, Denken und Fühlen oder Wünsche, die als von moralischen Normen abweichend bewertet werden, abgewehrt, indem sie auf andere Personen oder Objekte übertragen werden.

5.1.2 Rationalisierung

Rationalisierung umfasst die Abwehr emotionaler Belastung durch kognitive Begründungen und Rechtfertigung des eigenen Verhaltens vor sich selbst und anderen.

5.1.3 Regression

Regression ist der Rückzug auf eine frühere Stufe der eigenen Persönlichkeitsentwicklung, die es erlaubt, einfach und kindlich zu reagieren.

5.1.4 Reaktionsbildung

Bei der Reaktionsbildung werden angstbesetzte Wünsche dadurch abgewehrt, dass sie in ihr Gegenteil verkehrt werden. Gegenteilige Ansichten und Verhaltensweisen werden allerdings so überbetont, dass sie die Erfüllung der Wünsche unmöglich machen.

5.1.5 Verdrängung

Mithilfe der Verdrängung werden Gedanken, Gefühle und Erinnerungen, die Angst auslösen, aus dem Bewusstsein gedrängt. Unbewusst können abgewehrte Impulse allerdings Ersatzhandlungen oder -vorstellungen auslösen und sich in Fehlleistungen oder Träumen zeigen.

5.1.6 Verleugnung

Bei der Verleugnung wird unbewusst verweigert, Ereignisse und Gegebenheiten – wie den Tod – oder Verhaltensweisen zur Kenntnis zu nehmen, um sich vor überfordernden Emotionen oder anderen Konsequenzen zu schützen.

5.1.7 Verschiebung

Mit Verschiebung wird die Abwehr belastender Gefühle beschrieben, die auf Objekte entladen werden, die weniger »gefährlich« erscheinen als diejenigen, von denen die psychische Belastung – beispielsweise vom Vater – ursprünglich ausging.

5.1.8 Übertragung und Gegenübertragung

Als *Übertragung*, eine Sonderform der Projektion, wird das Aussenden unbewusster Signale von Haltungen und Gefühlen der Betreuten oder Begleiteten – die sie als Kinder gegenüber ihren Eltern und anderen wichtigen Bezugspersonen hatten – an Beratende oder Trauerbegleitende beschrieben. Letztere nehmen aufgrund ihrer Resonanzfähigkeit die Schwingungen des Gegenübers wahr. An ihnen und ihren erlernten Fähigkeiten, wie sie mit diesen Übertragungsimpulsen umgehen, liegt es, wie mitfühlend sich ein Begleitungs- oder Beratungsprozess entwickeln kann. Maßgeblich störend wäre es, wenn Trauerbegleitende und Beratende ihrerseits mit Gegenübertragung auf Übertragungsimpulse reagieren würden. Dies könnte dazu führen, dass das Gegenüber in alten Mustern bestätigt wird oder irritiert ist. Angemessene Hinwendung, Zuwendung, kognitive Perspektivübernahme und Wertschätzung anderen gegenüber sind nur durch das Stoppen von Gegenübertragungen durch ausreichende Selbstreflexion möglich.

5.2 Kontaktstörungen

Als Mitgefühl beeinflussende Faktoren sind auch Kontaktmuster bedeutend, die in der gestaltorientierten Beratung (Looss, 2013)

Beachtung finden und unter anderem für Reaktionen Trauernder erklärend herangezogen werden können. Destruktive Muster wie Kontaktvermeidung oder Ausweichverhalten dienen der Abwehr und dem Schutz vor emotionaler Überlastung. Sie können das Senden bzw. Empfangen von Mitgefühl unmöglich werden lassen.

5.2.1 Konfluenz

Mit Konfluenz ist eine Form der Kontaktgestaltung gemeint, bei der die Grenze zwischen Ich und Umwelt aufgelöst ist. Ausdruck des verschwimmenden, unscharfen Gemeinsamkeitsgefühls kann übereifriges, ungeprüftes und beflissenes Handeln sein. Es wird von sich auf andere geschlossen, ohne zu erkennen, dass das Gegenüber eine eigenständige Persönlichkeit mit abweichenden Bedürfnissen, Wünschen und Werten ist. Die von Betroffenen zur Verfügung gestellte und als Mitgefühl empfundene Hilfe kann Empfänger der Zuwendung überfordern oder einengen, auf jeden Fall aber irritieren.

5.2.2 Introjektion

Mit Introjektion werden Muster bezeichnet, bei denen Betroffene Normen, Haltungen und Orientierungen anderer ungeprüft übernommen haben und diese zur Grundlage ihres Handelns machen, unabhängig vom aktuellen Setting und notwendigen Erfordernissen. Beratende und Trauerbegleitende können so in Situationen gebracht werden, in denen sie trotz aller einfühlenden Bemühungen beim Gegenüber weder auf Mitgefühl stoßen noch es fördern können.

5.2.3 Deflexion

Deflexion umschreibt ein Ausweichverhalten, bei dem aufgrund eines angstbesetzten oder überfordernden Kontaktes – beispielsweise ein persönliches Treffen – eine weniger anspruchsvolle

Kontaktform – etwa ein Telefonat – gewählt wird. Die angebotene und vom Gegenüber abgelehnte persönliche Unterstützung kann zur falschen Annahme führen, dass keine Zuwendung gewünscht wird.

5.2.4 Retroflexion

Die Retroflexion stellt ein kontaktvermeidendes Verhalten dar. Dinge werden mit sich selbst ausgemacht, anstatt sich anderen zuzuwenden oder Hilfe anzunehmen. So kann es für Begleitende nicht nur schwierig sein, in Kontakt zu treten, es kann auch dazu führen, dass sie – in Unkenntnis der Kontaktstörung – die eigene Kompetenz, sich anderen mitfühlend zuzuwenden, infrage stellen.

5.2.5 Egotismus

Beim destruktiven Kontaktmuster Egotismus wird eine Kontaktaufnahme immer wieder geplant, bedacht, verworfen, modifiziert, sodass eine Idee nicht in Verhalten umgesetzt wird und Mitgefühl scheitert.

6 Antisoziales Verhalten

Antisozialem Verhalten können viele Ursachen zugrunde liegen. Neben Unwissenheit und biografischen Vorbildern spielen auch Schutzmechanismen in Bezug auf Überforderung eine Rolle. Unbewusste Ziele können sein, von etwas Bedrohlichem – wie Gedanken an die eigene Endlichkeit oder aufsteigender Angst – abzulenken, den Selbstwert zu schützen bzw. zu stabilisieren oder eigene Bedürfnisse – wie Sicherheit und Kontrolle – zu bewahren und Stress in Grenzen zu halten. Außerdem kann durch verschiedene Faktoren die Fähigkeit, in Resonanz zu gehen und mitzufühlen, eingeschränkt sein.

Antisoziales Verhalten kann sich in Schuldzuweisungen zeigen, aber auch als Muster, mit denen andere unbewusst, teilbewusst oder bewusst ausgegrenzt, abgelehnt und abgewertet werden. Hinter antisozialem Verhalten kann sich unbewusst das Bedürfnis verbergen, den eigenen Selbstwert zu heben. Oft sind Menschen von den Auswirkungen betroffen, die sich in schwächerer Position – in belastenden, sie ängstigenden oder beschämenden Situationen – befinden.

Auch in Trauerbegleitung und Beratung können Mitarbeitende sowie ihre Klientel mit antisozialem Verhalten konfrontiert werden. Das in herkömmlichen und digitalen Medien anzutreffende Ausschlachten und Verbreiten vermeintlicher Wahrheiten über andere lässt mitunter nicht nur jegliches Mitgefühl mit Betroffenen vermissen, sondern schadet dem im Fokus stehenden Menschen, wenn er sich nicht schützen kann, in seiner Gesundheit nachweislich. An Trauergruppen für Hinterbliebene nach Suizid nehmen mitunter auch Trauernde teil, die berichten, wie sie oder ihre verstorbenen Angehörigen durch kränkende Angriffe und andere antisoziale Verhaltensweisen belastet und Suizidenten letztendlich ausweglos überfordert waren.

Ein antisoziales Muster der Kommunikation ist Zynismus. Er zeigt sich in Denkmustern und Haltungen, die darauf abzielen, soziale und andere Normen in einer Form abzulehnen, dass andere Menschen lächerlich gemacht werden – Konforme, Schwächere oder auch vermeintlich Stärkere, um sich vor ihnen zu schützen. Dabei benutzen Zyniker sarkastische oder ironische Aussagen, auf die das Gegenüber selten angemessen und spontan reagieren kann.

Die hinter antisozialem Verhalten liegenden biografischen Enttäuschungen, die abgewehrt werden, sind von Außenstehenden bzw. dem Gegenüber selten zu durchschauen. Auffällig ist für sie nur das ausgelöste eigene Empfinden, die Irritation durch zynische Kommunikation und das Wahrnehmen fehlenden Verständnisses und Mitgefühls. Antisoziale Haltungen und Verhaltensweisen belasten nicht nur die davon Betroffenen, die sie kränken und verletzen, sondern sie wirken auch auf Außenstehende befremdlich.

7 Weitere Ursachen für fehlendes Mitgefühl

Individuelle Betroffenheit und Nähe zum Leidenden haben Einfluss auf die Art und Weise mitfühlender Reaktionen. Neben persönlicher Nähe spielen auch geografische Entfernung und kulturelle Unterschiede bei der Ausprägung von Mitgefühl unbewusst eine Rolle. Für leidende Mitmenschen in Deutschland, im Heimatort, im selben Wohnbezirk, in der Nachbarschaft, im selben Wohnhaus fällt es – aufsteigend – leichter, Mitgefühl zu entwickeln, als für entfernter Lebende oder Menschen aus fremden Kulturen. Es sei denn, es besteht eine persönliche Verbindung zu ihnen.

Zwar sind Wahrnehmung und Reaktionen aufgrund vorhandener Fähigkeiten und Möglichkeiten subjektiv gefärbt und individuell verschieden. Dennoch lassen sich allgemeine Unterschiede feststellen. Aus diesem Grund können vier Kategorien Betroffener unterteilt werden.

- *Direkt Betroffene* sind beispielsweise Kinder oder Partner eines Verstorbenen. Direkt Betroffene sind in aller Regel aufgrund der Nähe am stärksten empathischen Impulsen ausgeliefert. Das kann bedeuten, dass sie besonders mitfühlend sind, aber auch, dass sie aufgrund der Schwere der Betroffenheit blockiert sind. Bei dieser Personengruppe kann es zu massiver Abwehr mit archaischen Impulsen wie Totstellen, Schweigen oder Rückzug kommen, was von Außenstehenden als fehlendes Mitgefühl statt erwarteter Trauer interpretiert werden kann.

- *Nicht direkt Betroffene* können Kollegen oder entfernte Verwandte eines Verstorbenen sein. Bei ihnen kann es aufgrund der fehlenden Nähe und schwelender Beziehungsstörungen zu Fehlinterpretationen, Zuschreibungen und Schuldzuweisungen kommen wie »Die Ehefrau hat ihn auf dem Gewissen« oder »Sie ist schuld, dass unsere Beziehung kaputt ist«. Solche oder ähnliche Sätze weisen auf unbewusste Abwehr im Sinn einer Projektion hin, um eigene Anteile aufgrund der konflikthaften Beziehung wie Angst, Scham und Schuldgedanken auf eine andere Person zu übertragen. Derartige Verstrickungen blockieren bei nicht direkt Betroffenen häufig emotionale Impulse wie Mitgefühl oder Trauer.
- *Involvierte Außenstehende* sind bei Suizid zum Beispiel Zugführer oder bei einem Unfall Busreisende. Diesem Personenkreis gemein ist die Tatsache, dass der Leidende bzw. Verstorbene zwar fremd ist, sie als Involvierte aber direkt am Geschehen beteiligt und emotional betroffen sind. Diese Art von Nähe und die plötzliche Konfrontation mit dem Ereignis bringen visuelle, akustische und andere Wahrnehmungen mit sich, die zu empathischer Resonanz, aber zu völlig unterschiedlichen Reaktionen darauf führen können. Nicht selten treten schockartige Zustände auf, aber auch scheinbares Unbeteiligtsein, das Ausdruck emotionaler Überforderung sein kann. Bei involvierten Außenstehenden ohne direkte Konfrontation mit dem Leid eines anderen – etwa bei einem Zugstopp aufgrund bestehender Suizidgefahr einer Person auf den Gleisen – fehlt empathische Resonanz. Belastende Gedanken, Fantasien, Unwissen und andere in der Person liegende Umstände können mitfühlende Reaktionen verhindern.
- *Nicht involvierte Außenstehende.* Zur dieser Kategorie zählen beispielsweise Journalisten oder Zeitschriftenlesende. Bei dieser Personengruppe ist der Spielraum für Interpretationen und Fehleinschätzungen sowie die Einschränkung des

Mitgefühls durch fehlende Nähe, nicht vorhandene emotionale Beteiligung und empathische Resonanz sowie durch nicht vollzogenen kognitiven Perspektivwechsel am größten. Durch Nichtwissen, begrenzte oder einseitige Informationen und dadurch bedingtes Nichtkennen von Zusammenhängen sowie durch mangelnde Reflexion lassen sich Formulierungen, Aussagen, Situationsbeschreibungen und Deutungen finden, denen jegliches Mitgefühl fehlt.

8 Mitgefühl fördernde Faktoren

Neben den vorgestellten Faktoren, die Mitgefühl erschweren, einschränken oder verhindern, gibt es vieles, was das Mitgefühl beim Sender fördert und was dem Empfänger das Annehmen von Mitgefühl ermöglicht bzw. erleichtert.

Emotional aufgeladene und selbst emotionsneutrale Situationen bieten Signale, die mit den Sinnen Sehen, Hören, Spüren – und unbewusst Riechen – wahrgenommen werden können. Die Impulse in einem selbst aufgrund der Lage, in der sich ein anderer Mensch befindet, können sehr vage sein. Es ist nicht immer einfach, Anzeichen zu sehen, wie der momentane Zustand des Betroffenen einzuschätzen ist. Die unbewusst wahrgenommene Mimik und Gestik, Körperhaltung sowie gehörte Worte oder spürbare Emotionen lassen nicht ohne Weiteres eine Ahnung zu, wie es dem Gegenüber geht.

Einfühlen ist erst möglich, wenn eigene belastende Emotionen reguliert werden konnten und der nächste Moment zur bewussten kognitiven Einschätzung und Perspektivübernahme genutzt wird. Das Von-sich-auf-andere-Schließen mit der Überzeugung »Ich weiß, wie du dich fühlst und was du brauchst« ist dabei allerdings wenig nützlich. Mitgefühl würde dem anderen übergestülpt und könnte Widerstand bei ihm erzeugen. Wichtig ist, sich das Ziel mitfühlender Aktionen vor Augen zu führen. Auch wenn beim Mitgefühlgebenden angenehme Emotionen wie Freude entstehen, ist vorrangiges Ziel, das Gegenüber emotional zu entlasten und ihm Unterstützung anzubieten. Reaktionen, die belastende Emotionen des anderen verstärken oder weitere belastende Gefühle – wie beispielsweise Scham – auslösen, sind unbedingt zu vermeiden.

Sinnvoll sind offene Fragen, die die Lage des Leidenden beleuchten und seine Bedürfnisse sichtbar werden lassen, wie:
- »Was brauchst du?«
- »Was würde dir jetzt guttun?«
- »Wie kann ich dir helfen?«

Je nach Schwere des Leids können auch geschlossene Fragen oder Hinweise, die der andere nur mit einem Nicken oder Kopfschütteln beantworten kann, hilfreich sein, wie:
- »Würde es dir guttun, einfach deine Hand in meine zu legen?«
- »Sollen wir einfach nur gemeinsam schweigen?«
- »Ich bin da für dich!«
- »Du brauchst nicht zu reden!«
- »Ich habe jetzt Zeit für dich!«

Die Frage »Wie geht es dir?« kann aus falsch verstandener Rücksichtnahme – besonders bei sich selbst nicht wertschätzenden Menschen – zur Antwort »Gut« oder »Ganz gut« führen und sollte konkretisiert werden mit »Was fühlst du?«, »Was denkst du?«, »Wo tut dir etwas weh?«.

Der Aspekt Zeit ist für Menschen in schwierigen Situationen, Krisen oder bei Krankheit besonders wichtig. Schon die Wahrnehmung beim Leidenden, dass das Gegenüber ständig auf die Uhr schaut, kann dazu führen, dass er sich nicht für Mitgefühl öffnen kann. Hilfreich für Menschen, die anderen nicht zur Last fallen wollen, kann es sein, ihnen einen Zeitrahmen zu geben, um sie zu entlasten, beispielsweise mit »Ich freue mich, dass ich jetzt eine Stunde Zeit für dich habe«. Mitfühlende Momente erfordern häufig Kompromisse, Geduld und die Fähigkeit, auch Schweigen auszuhalten.

Tränen des Mitgefühlgebenden können Mitgefühl zeigen, aber auch Ausdruck von Überforderung durch Mitleid sein. Es kommt auf das Maß und die Erfahrungen des Mitgefühlnehmers an. Ein erschütterndes Schluchzen oder ein tränenüberströmtes Gesicht kann Leidende überfordern und Abwehr auslösen. Aufsteigende Tränen rigoros zu unterdrücken kann beim Gegenüber aber auch das Gefühl erzeugen, nicht authentisch, kalt oder emotionslos zu sein.

Der kurze Moment des Mitgefühlgebenden mit Tränen in den Augen – bis er sich selbst gut reguliert hat – kann dem Empfänger von Mitgefühl zeigen, wie sehr ihn der andere wertschätzt. Es kann den Mitgefühlnehmer entlasten, sodass er sich zugestehen kann, auch selbst zu weinen.

Die Reaktion des Gegenübers kann dem Mitgefühlgeber zeigen, ob seine Tränen den anderen belasten oder ob er sie als Trost empfindet. Durch Einfühlung, Perspektivwechsel und Flexibilität gelingt die gegenseitige und voneinander abhängige Mitgefühlsbeziehung von Sender und Empfänger. Der Geber, von dem angenommen werden kann, dass er sich in einer sicheren Lage und stabilen Konstitution befindet, kann seine Reaktionen korrigieren und so das Miteinander immer wieder neu herstellen. Diese bewusste Steuerung von Empathie, Mitgefühl und prosozialem Verhalten in der Praxis entspricht dem theoretischen Reiz-Raum-Reaktions-Modell.

IV Falldarstellungen aus der Praxis zu Empathie und Mitgefühl

1 Fälle aus Beratung und Trauerbegleitung, die Einflussfaktoren auf Mitgefühl zeigen

Nachfolgend werden anonymisierte Falldarstellungen aus Sterbe- und Trauerbegleitung, Supervision und Beratungspraxis vorgestellt. Dieser erste Teil dreht sich um mögliche Reaktionen auf empathische Resonanz und um Faktoren für eingeschränktes Mitgefühl, antisoziales Verhalten, Ablehnung von mitfühlender Zuwendung sowie um Hintergründe für Mitleid. Manche Mitgefühl einschränkenden Ursachen wurden durch allgemeinärztliche oder psychiatrische Untersuchungen und erhobene Diagnosen bestätigt, andere sind – wie in Trauerbegleitung und Beratung nicht selten – Hypothesen geblieben. Aber auch das Suchen und Benennen mutmaßlicher Faktoren für fehlendes Mitgefühl anderer führt zur Entlastung der Betroffenen, wie die Beispiele zeigen. Es bedarf des Feingefühls von Begleitenden, um zu erkennen, welche individuellen Bedürfnisse Trauernde und Klienten haben, und zu entscheiden, wann welche Informationen und Hypothesen Trost und Erleichterung bringen können.

In den vorgestellten Fällen sind nicht nur mögliche Einflussfaktoren auf eingeschränktes Mitgefühl – die in der jeweiligen Aufzählung keine Vollständigkeit darstellen – zu finden, sondern auch Möglichkeiten, angemessenes Mitgefühl zu zeigen. Die Beispiele verdeutlichen, wo die Grenzen im Rahmen der genannten Settings liegen, ob Ursachen für unangemessene Reaktionen aufgedeckt und Veränderungen erarbeitet werden können oder ob andere Formen der Unterstützung, wie beispielsweise ambulante Psychotherapie, zu suchen sind.

1.1 Kinder waren nie eine Option – Teil A

Mögliche Einflussfaktoren: Doppelverlust, fehlende Trauer, Abwehrmechanismus Reaktionsbildung
Folgen: Erschöpfung, eingeschränktes Mitgefühl

Frau J., Kinderkrankenschwester, 45 Jahre alt, verheiratet, keine Kinder, ist seit 17 Jahren in einer Kinderklinik beschäftigt. Sie teilt mit, dass sie extrem müde und erschöpft sei und mit Supervision für sich Lösungen finden möchte, um mit mehr Lockerheit und Leichtigkeit ihrer Arbeit nachgehen zu können.

Nach dem Erstgespräch beschreibt sie in der zweiten Sitzung, dass sie seit zwei Jahren in der Fachabteilung Neonatologie arbeite. Sie sei innerlich jedes Mal aufgewühlt und unruhig, wenn die Eltern ihre Frühgeborenen besuchen. Besonders den Müttern gegenüber spüre sie Unbehagen und es falle ihr schwer, angemessen auf sie zu reagieren. Sie versuche beispielsweise, ihren Blicken auszuweichen oder Bitten manchmal zu überhören. Sie spüre innerlich eine Art Ablehnung den Frauen gegenüber, obwohl sie diese persönlich nicht kenne. Sich den Müttern mitfühlend zuzuwenden, sei sehr schwer.

Sie fragt sich, was ihre Haltung diesen Frauen gegenüber auslöst und weshalb sie sich »so anstellt«, und betont, dass dies in der kinderorthopädischen Fachabteilung, in der sie bis vor zwei Jahren gearbeitet habe, nicht der Fall gewesen sei. Sie habe da sowohl auf die Kinder – zwischen sechs und 13 Jahren – als Patienten als auch auf deren Eltern einfühlsam reagieren können.

Frau J. berichtet, wie der Tagesablauf auf der Station ist, wann sie konzentriert arbeiten kann und wann sich innerer Stress einstellt. Frau J. antwortet auf die Frage, was sie bewogen habe, auf der Station anzufangen, dass es eher Zufall gewesen sei, dieses Angebot ihres damaligen Chefs erhalten zu haben. Sie schildert, was ihr bei der Arbeit mit den Frühgeborenen besondere Freude bereitet. Auf die Frage nach eigenem Kinderwunsch richtet sie sich auf und sagt: »Eigene Kinder waren nie eine Option für mich.« Auch wenn es scheint, dass hier ein wunder Punkt liegen könnte, wird in dieser Stunde das Thema nicht weiterverfolgt.

In der darauffolgenden Sitzung scheint Frau J. merklich unruhig, und auf die Frage, was sie beschäftige, beginnt sie zu erzählen von ihrem ersten Freund, den sie als sehr stark erlebt habe, und von der Krise, in die sie beide geraten seien. Mit 24 Jahren sei sie dann schwanger geworden und habe sich sehr auf das Kind gefreut. Etwas leiser teilt sie mit, dass er sie verlassen habe, als sie ihm von der Schwangerschaft erzählt habe. Nach einer erneuten Pause flüstert Frau J., dass sie in der Woche darauf ihr Kind verloren habe. Dieser Satz bleibt im Raum stehen. Unter Tränen sagt sie: »Ich habe nach der letzten Sitzung seit Langem das erste Mal wieder bewusst daran gedacht.« Sie ist erstaunt, wie sehr sie dieser Verlust heute noch belastet. Sie sei nie wieder schwanger geworden. Irgendwie habe sich in ihr festgesetzt, dass es am besten sei, keine Kinder zu haben. Um Frau J. zu stabilisieren, wird zügig wieder in die Gegenwart gewechselt und im Hier und Jetzt weitergearbeitet. So kann die Supervisandin die Stunde gestärkt verlassen.

Im darauffolgenden Termin wird mit ihr besprochen, dass es ratsam sei, die alten, heute noch belastenden Erfahrungen in einem anderen Rahmen aufzuarbeiten. Denn erst, wenn Zusammenhänge erkannt, der plötzliche Verlust des Freundes, der Beziehung und des ungeborenen Kindes bewusst betrachtet, betrauert und in ihre Lebensgeschichte integriert sind, kann die Dauerbelastung aufgrund des nicht bearbeiteten Doppelverlustes sinken. Müdigkeit und Erschöpfung können sich bessern. Es wird geprüft, inwieweit sie sich in der Lage sieht, zu arbeiten, und die Option aufgegriffen, sich vom Hausarzt krankschreiben zu lassen. Letzteres will sie sich offenhalten, auf jeden Fall will sie sich um eine Psychotherapie bemühen.

Nach neun Wochen meldet sich Frau J. und teilt mit, dass sie auf der Warteliste einer Therapeutin stehe, dass sie weiterhin arbeitsfähig sei und gern die Zeit bis zum Start der Therapie für Supervision nutzen würde. Dieses Vorgehen ist aufgrund langer Wartezeiten auf eine Psychotherapie nicht ungewöhnlich. So bleibt die Klientin mit den bewusst gewordenen Belastungen nicht allein. Es ist allerdings genau zu prüfen, wie stabil die jeweilige Person ist, und darauf zu achten, dass ein Blick in die Vergangenheit nicht zu sehr vertieft und wiederholt der entlastende Wechsel in die Gegenwart sichergestellt wird.

In Supervision geschieht es nicht selten, dass Menschen plötzlich ihren beruflichen Anforderungen nicht mehr gerecht werden. Ein Arbeitsplatzwechsel kann Auslöser dafür sein, dass frühere Verletzungen, Belastungen, Verluste oder auch Traumata aktiviert werden. Je nach Belastung können diese Ereignisse die aktuelle Befindlichkeit, Leistungsfähigkeit, Arbeitsfähigkeit und angemessene Verhaltensweisen, wie Mitgefühl, beeinträchtigen. Im Fall von Frau J. waren wahrscheinlich lange Zeit unbewusst gebliebene belastende Faktoren verantwortlich: die Krise mit dem Freund, zerbrochenes Glück durch die von ihm abgelehnte Schwangerschaft und die plötzliche Trennung, unvorbereiteter Verlust des Kindes und fehlende Trauer sowie Entwicklung eines Bewältigungsmusters zur Abwehr, das eine erneute Schwangerschaft verhindert.

1.2 Michael hat keine Zeit – Teil A

Mögliche Einflussfaktoren: Angst, Schuldgedanken, Familiengeheimnis, fehlende Trauer
Folgen: Unverständnis und fehlendes Mitgefühl

Frau R., 59 Jahre, Ergotherapeutin, verheiratet, zwei erwachsene Söhne, einer vor zwölf Jahren durch Suizid im 18. Lebensjahr verstorben, hat sich entschieden, an einer geschlossenen Trauergruppe teilzunehmen. Der Vorteil dieser Art Trauerbegleitung ist, dass sich ab dem zweiten Termin durch die Tatsache, dass sich die Anwesenden bereits kennen, eine Vertrautheit einzustellen beginnt, die es den Teilnehmenden erleichtert, sich zu öffnen. So teilt Frau R. im zweiten Treffen Näheres zu ihrem verstorbenen Sohn mit, unter anderem, dass er seit der Pubertät an Schizophrenie erkrankt war und sich ihm seitdem regelmäßig suizidale Gedanken aufdrängten.

An einem der nächsten Termine kann die Teilnehmerin so weit gehen, darüber zu sprechen, dass im übrigen Verwandtenkreis niemand vom Tod des Sohnes vor zwölf Jahren wisse. Dieses Geheimnis belaste sie sehr. Die Reaktionen der anderen Trauernden sind sehr unterschiedlich. Es meldet sich eine Teilnehmerin, der ihre Betroffenheit anzumerken ist. Sie wendet sich Frau R. mitfühlend zu und fragt sie: »Magst du uns mehr darüber erzählen, das muss doch sehr belastend für dich sein?« Frau R. berichtet daraufhin, dass beispielsweise bei Familientreffen jedes Mal eine andere Ausrede gefunden werden müsse als Erklärung, weshalb der mittlerweile dreißigjährige Sohn nicht anwesend sei, wie zum Beispiel: »Michael hatte heute keine Zeit mitzukommen.« Die Frage einer anderen Teilnehmerin, weshalb sie dies tue, kann oder möchte sie vorerst nicht beantworten.

Es gibt aber auch Reaktionen, die völliges Unverständnis signalisieren. So platzt eine andere Trauernde heraus: »Bist du bescheuert, das kannst du doch nicht machen!« Sie entschuldigt sich sofort mit den Worten »Sorry, aber das ist mir unerklärlich, wie man das tun kann«.

Die Rückmeldungen zeigen, dass es an dieser Stelle notwendig ist, die Trauernden zu den verschiedenen Möglichkeiten, im Trauerprozess auf einen Verlust zu reagieren, zu informieren.

Frau R. wird gefragt, ob es für sie in Ordnung sei, dass sie sich diesem Thema näher zuwenden. Es wird ihr in Aussicht gestellt, dass sie sich nach diesen Ausführungen vielleicht besser verstehen und Alternativen zu ihrem bisherigen Umgang mit dem Verlust ihres Sohnes finden könne.

In einem späteren Gruppentreffen berichtet Frau R. von ihrer Angst der heute 82-jährigen Mutter gegenüber, die sich immer in die Erziehung ihrer Kinder eingemischt und ihr nicht zugetraut habe, gut für ihre Kinder zu sorgen. Sie habe einfach nicht den Mut, ihr zu gestehen, dass sie als Mutter bei ihrem Sohn versagt habe.

Diese Falldarstellung zeigt deutlich, wie abhängig Mitgefühl von subjektiven Erfahrungen und Vorstellungen ist bzw. wie belastend Zuschreibungen und destruktive Überzeugungen sind.

1.3 Sie liebt mich nicht mehr – Teil A

Mögliche Einflussfaktoren Klient: fehlende Selbstachtung und geringes Selbstwertgefühl, selbstbezogene Sichtweise mit Tunnelblick, Unwissenheit

Mögliche Einflussfaktoren Partnerin: Depression nach Suizid des Kindes

Folgen: fehlendes Mitgefühl füreinander, fehlende Trauer und Trennungsgedanken beim Klienten

Herr F., 44 Jahre alt, IT-Mitarbeiter, seit zwei Jahren in einer Partnerschaft lebend mit einer vierzigjährigen Frau, deren 15 Jahre alte Tochter (Luisa) sich vor sieben Monaten suizidiert hat, kommt in die Beratung. In den Sitzungen möchte er für sich den scheinbar einzigen Ausweg, die Trennung von der Partnerin, abklären und vorbereiten.

Eingangs erzählt er vom Kennenlernen der Partnerin und dem Entschluss zusammenzuziehen. Die damals 13-jährige Tochter sei ihm gegenüber sehr verschlossen gewesen. Dass Luisa sich vor ungefähr einem Jahr verändert habe, wie seine Partnerin glaube, sei ihm nicht aufgefallen. Vor sieben Monaten dann sei er mittags von der Arbeit gekommen und habe Luisas Schuhe im Flur gesehen, obwohl er sie in der Schule vermutete. Als er in ihr Zimmer gegangen sei, habe er mehrere leere Packungen Schlaf- und Schmerztabletten gefunden und sie habe leblos im Bett gelegen, woraufhin er sofort den Notarzt gerufen habe. Im Krankenhaus sei ihr dann zwar der Magen ausgepumpt worden, aber nach vier Tagen sei sie verstorben.

Seine Partnerin sei seit dieser Zeit ein völlig anderer Mensch. Sie habe sich vollkommen in sich zurückgezogen, rede nicht mehr mit ihm, lasse ihn links liegen, nehme ihn nicht mehr in den Arm, sei kalt und abweisend. Er sei zu dem Schluss gekommen, dass sie ihn nicht mehr liebe. Es falle ihm zwar sehr schwer, sich vorzustellen, sie zu verlassen, aber er könne »diesen Egoismus, diese Kälte und Ablehnung von ihr nicht mehr ertragen«.

Auf die Frage, ob er eine Idee habe, was mit seiner Partnerin passiert sei, meint Herr F., er glaube, dass sie entweder einen anderen Mann kennengelernt habe oder ihr durch den Tod der Tochter bewusst geworden sei, dass sie ihn nicht liebe. Einem Versuch der Klärung weiche sie aus, sie fühle sich so leer, habe sie gesagt. Auch habe sie mitgeteilt, sie habe keine Kraft, um aktuell um die Beziehung zu kämpfen. Gesagt, dass sie ihn nicht mehr liebe, habe sie zwar nicht, aber sie habe keinerlei Mitgefühl mehr für ihn. Für die kommende Sitzung wird verabredet, sich dem zuzuwenden, was vor sieben Monaten und danach mit ihm und seiner Partnerin passiert sein könnte.

Im Folgetermin wird erforscht, was der Verlust der Tochter für die Partnerin und für ihn bedeutet. Herr F. meint, irgendwie könne er nicht trauern, eher habe er eine gewisse Abneigung gegenüber Luisa, da durch ihren Tod sich die Beziehung mit seiner Partnerin verändert habe. Seine Partnerin trauere natürlich, aber sie rede nicht mit ihm darüber, sodass er nicht wisse, was sie denke und fühle.

Herr F. wird gefragt, inwieweit er sich mit dem Thema »Trauer« auseinandergesetzt habe und wie er trauere. Er meint: »Trauer entsteht, wenn ein anderer, den man geliebt hat, stirbt.« Er selbst sei wenig traurig, eher wütend. Es wird ihm angeboten, gemeinsam die Trauer ein Stück weit näher kennenzulernen, um sich selbst und seine Partnerin besser zu verstehen.

Im Rahmen dieser Auseinandersetzung wird auch die Hypothese aufgestellt, dass seine Partnerin in ihrer Trauer eventuell eine Depression entwickelt habe, da dies ihre Zurückgezogenheit, ihre Leere und Kraftlosigkeit erklären könne.

Dem Klienten fällt es anfänglich schwer, diesen Perspektivwechsel zu vollziehen und sich auf die Partnerin einzustellen. Gleichzeitig ist es für ihn nicht leicht, eigene und fremde Gefühle klar wahrzunehmen. Destruktive Denkmuster wie selbstbezogene Bewertung der Interaktionsmuster zwischen ihm und seiner Partnerin erschweren es außerdem, mit inneren Impulsen konstruktiv umzugehen.

Es wird an diesem Fall sichtbar, wie eigene Begrenzungen es unmöglich machen, zu trauern, sich in andere hineinzuversetzen und für sie Mitgefühl zu empfinden. Auch zeigt dieses Beispiel, wie Extrembelastungen – wie der Suizid eines Kindes – im Trauerprozess zu psychischen Veränderungen führen können, besonders dann, wenn keine Unterstützung durch Partner, Hausarzt oder Trauerbegleitung zur Verfügung steht. Erschwerend wirkt sich in diesem Fall die fehlende Möglichkeit der Perspektivübernahme von Herrn F. aus, sodass das unsichere Umfeld die Partnerin weiter destabilisiert. So können letztendlich beide aktuell füreinander kein Mitgefühl aufbringen, ihre Trauer ist gestört und die Beziehung wird von Herrn F. infrage gestellt.

1.4 Begleiten bis zum Ende und dann der Nächste – Teil A

Mögliche Einflussfaktoren: fehlende Selbstwahrnehmung, fehlendes Selbstmitgefühl, destruktive Sichtweise und Überzeugung, verzögerte Trauer
Folgen: Überforderung und Erschöpfung, sinkendes Mitgefühl

Frau K., 57 Jahre, Verkäuferin in Teilzeit, ledig, keine Kinder, hatte sich nach dem Tod der Mutter entschieden, stundenweise bei einem eingetragenen Verein eine ehrenamtliche Tätigkeit in der Sterbebegleitung im Hospiz aufzunehmen. Dieser Tätigkeit geht Frau K. seit acht Jahren nach. Aufgrund einer zunehmenden Erschöpfung und der Tatsache, dass es ihr immer schwerer fällt, sich auf sterbende Bewohner mitfühlend einzulassen, sucht sie Unterstützung. Sie will für sich klären, ob sie die Tätigkeit fortführen oder beenden sollte bzw. wie sie wieder zu mehr Mitgefühl finden könne. Ihrer Arbeit als Verkäuferin kann sie weiterhin nachgehen.

Die erste Supervisionssitzung wird zur intensiven Exploration dessen verwandt, was Frau K. beschäftigt, was sie belastet, aber auch was sie als Bereicherung in ihrer ehrenamtlichen Tätigkeit empfindet. Sie schildert ausführlich Fälle, von denen sie viel zurückerhalten habe, aber auch Situationen, die sie sichtlich überforderten. Immer wieder spricht sie auch von ihrer Mutter, die sie die letzten Monate ihres Lebens zu Hause gepflegt hatte. Es fällt auf, dass sie in den letzten acht Jahren scheinbar immer von einem Fall in den nächsten – ohne bewusste Trauer – gegangen ist.

In der zweiten Sitzung wird das Thema »Trauer« aufgegriffen, um zu erfahren, wie die Supervisandin mit den Verlusterfahrungen in ihrer ehrenamtlichen Tätigkeit umgeht, aber auch wie sie den Verlust durch den Tod ihrer Mutter verarbeitet hat. Es stellt sich heraus, dass Frau K. eine gute Qualifizierung als Sterbebegleiterin hat und in diesem Rahmen auch eigene Verlusterfahrungen besprochen wurden. Seit ihrer Ausbildung hat sie im Verein auch die Möglichkeit, Beratung in Anspruch zu nehmen. Sie habe sich nach dem Ende der Ausbildung allerdings den Begleitungsprozessen zugewandt und keine Supervision gebraucht. Sie glaubte, es auch ohne Supervision ganz gut hinzubekommen. »Begleiten bis zum Ende und dann der Nächste – so habe ich das die letzten Jahre gemacht. Aber ich glaube, es ist nicht mehr das Richtige für mich. Ich fühle mich dem immer weniger gewachsen und habe auch keine Freude mehr daran. Ich bin eigentlich nur noch anwesend, kann mich nicht mit ganzem Herzen den Menschen zuwenden.« Auch merke sie, dass sie über den Tod der Mutter bis heute nicht richtig hinweggekommen sei, sondern dass sie in letzter Zeit das Gefühl habe, die Trauer komme erst jetzt richtig hoch.

Es zeigen sich in diesem Fall mehrere Faktoren, die dazu geführt haben, dass sich die Klientin überfordert hat und sich mit immer weniger Hingabe den Bewohnern zuwenden kann. Die Trauer um ihre Mutter wurde verzögert, da Frau K. nicht bewusst um sie trauerte, sondern sich kurz nach dem Todesfall der Ausbildung zur Sterbebegleiterin und der Begleitung Sterbender zuwandte. Sie glaubte, den Verlust so am besten verarbeiten zu können. Ihre Überzeugung, in der Begleitung Sterbender allein klarzukommen, und die fehlende Wahrnehmung von Signalen der psychischen und physischen Überlastung führten dazu, dass von Jahr zu Jahr die Erschöpfung zu- und die Möglichkeit, sich in Sterbende einzufühlen, abnahm. Frau K. hatte zwar in den Befähigungsseminaren Kenntnisse zu Trauer, Abschiednehmen und Psychohygiene erhalten, der Verein hatte seine Mitarbeitenden allerdings nicht zu regelmäßiger Beratung, Supervision oder Trauerbegleitung verpflichtet.

1.5 Stefanie hat sich nicht das Leben genommen – Teil A

Mögliche Einflussfaktoren: Abwehrmechanismus Verleugnung, Unwissenheit
Folge: Irritation und fehlendes Mitgefühl

Herr B., 33 Jahre, Verwaltungsangestellter, hat sich telefonisch für eine neu gestartete offene Trauergruppe für Hinterbliebene nach Suizid angemeldet. Offene Trauergruppen bringen die Konstellation mit sich, dass zu jedem Termin andere Teilnehmende anwesend sein können. Das führt dazu, dass zu jedem Treffen in der Eingangsrunde, wenn die Betroffenen es wünschen, ein Mitteilen zur Befindlichkeit und zum erlebten Verlust stattfindet, aber auch die Gruppenregeln immer wieder thematisiert werden müssen.

Herr B. hat bei seiner telefonischen Anmeldung mitgeteilt, dass er seine Freundin verloren habe. Sie habe eine Überdosis Schlaftabletten genommen, und er habe sie auf der Couch im Wohnzimmer gefunden.

Im ersten Termin stellt Herr B. sich nur kurz vor, ansonsten möchte er erst einmal nichts sagen. Aufgrund der Umstände kommt es auch im zweiten Treffen wieder zum Austausch der Anwesenden über die Beweggründe für die Teilnahme an der Gruppe. Nachdem einige Trauernde sich zum Umstand des Todes ihrer Angehörigen geöffnet haben, teilt Herr B. mit: »Ich bin wegen meiner Freundin Stefanie hier. Sie hat sich aber nicht das Leben genommen.«

Die Teilnehmenden in der Gruppe reagieren sehr unterschiedlich, aber alle sind sichtlich irritiert. Eine Teilnehmerin teilt ihre Verwunderung ruhig mit: »Das ist aber merkwürdig.« Ein anderes Gruppenmitglied meint: »Was willst du denn dann hier?« Bevor die Trauerbegleiterin unterstützend eingreifen kann, spricht die nächste Teilnehmerin Herrn B. mit leicht aggressivem Unterton an: »Ja, was soll das, wir sind hier eine Trauergruppe für Hinterbliebene nach Suizid. Du hast dann hier nichts verloren.«

Ein lautes »Stopp« unterbricht den Angriff. Herr B. wird gefragt, ob er im Raum bleiben möchte oder eine Pause brauche, und es wird nochmals auf die Gruppenregeln verwiesen. Herr B. möchte bleiben. Den Teilnehmenden wird angeboten, sich mit möglichen Reaktionen in verschiedenen Phasen der Trauer zu beschäftigen.

Werden Teilnehmende von Trauergruppen und auch Trauerbegleitende mit dem Phänomen des Leugnens, des Nicht-wahrhaben-Wollens dessen, was geschehen ist, konfrontiert, kann dies für alle Anwesenden sehr verwirrend sein. Da die Teilnehmenden zu diesem Zeitpunkt noch keine Informationen zu möglichen Gefühlen und Gedanken, zu abwehrenden und anderen Verhaltensmustern im Trauerprozess hatten, war es zum Angriff und fehlenden Mitgefühl von Teilnehmenden dem Trauernden gegenüber gekommen.

1.6 Ich halte das nicht mehr aus – Teil A

Mögliche Einflussfaktoren: eingeschränkte und begrenzte Bedürfnisbefriedigung, fehlende Selbstwirksamkeit, Selbstregulation und fehlendes Selbstmitgefühl, destruktive Sichtweise, Unwissenheit

Folgen: Mehrfachverluste und Trauer, Erschöpfung, fehlendes Mitgefühl

Beim Erkunden der zu besprechenden Themen in einer coronabedingten Onlinesupervision eines Teams mit fünf Mitgliedern meldet sich Frau N., Sozialpädagogin, 48 Jahre alt, ledig, keine Kinder, zu Wort. Es fällt auf, dass ihre Gesichtszüge angespannt sind, ihr Tonfall ist monoton. Sie sagt: »Ich würde mich freuen, wenn wir über die aktuelle Situation sprechen könnten. Ich weiß bald nicht mehr weiter und ich halte das auch nicht mehr lange aus.« Frau N. wird darauf hingewiesen, dass sie ihr Anliegen präzisieren könne, wenn auch die anderen gehört wurden und entschieden haben, dass ihr Thema beleuchtet werden solle.

Da alle das Thema wichtig finden, teilt Frau N. konkret mit: »Seit einem Jahr sind wir nun alle mehr oder weniger im Homeoffice, haben uns nur im Sommer zwei Mal persönlich gesehen. Ich bin die meiste Zeit zu Hause, sehe und höre andere, so wie euch, nur per Videokonferenz. Ich habe keine Familie, lebe allein. Meine Freundinnen haben sich zurückgezogen. Keiner will mit mir über das Thema Corona sprechen. Ich merke, wie alle dichtmachen. Es schränkt mich alles total ein. Ich fühle mich müde, traurig, perspektivlos. Mir fehlen Umarmungen und Händeschütteln. Ich sehne mich danach, anderen nahe zu sein, einmal wieder in einem Café sitzen zu können, auf der Strandpromenade ohne Maske spazieren zu gehen. Mir fehlt der Blick in die Gesichter von Menschen, das spontane Stehenbleiben und Miteinanderreden. Jeder geht seiner Wege, die Menschen bleiben stumm hinter ihren Masken. Von Urlaub, Kino, Theater will ich gar nicht reden. Ich fühle mich einfach allein, ausgegrenzt, und das raubt mir die Kraft. Mir fällt die Decke auf den Kopf, ich kann weder gut schlafen, noch habe ich morgens Lust aufzustehen. Ich weiß nicht, wie ihr das macht. Ich fühle mich jedenfalls manchmal völlig ohnmächtig.«

Der Teilnehmerin wird ausdrücklich gedankt für ihre Offenheit und sie wird aufgefordert, konkret zu benennen, wie die Gruppe sie unterstützen, womit sie ihr helfen kann, was sie sich wünscht bzw. erwartet. Nach kurzem Überlegen teilt Frau N. mit: »Ich würde gern hören, wie es euch mit den Einschränkungen geht, wie ihr damit umgeht, ob sie euch auch so belasten und was ich machen kann, damit ich besser damit klarkomme.« Die erste Kollegin meldet sich zu Wort und sagt mitfühlend: »Ich kann das gut nachvollziehen, was du beschreibst. Ich habe Familie und – soweit möglich – sehe ich auch weiterhin Freunde und Verwandte. Aber da du niemanden hast, allein lebst und wie du sagst, deine Freundinnen nicht über die Pandemie und ihre Auswirkungen mit dir reden möchten, ist es bestimmt nicht einfach für dich.« Der gegenseitige Austausch zu Belastungen durch die aktuelle Situation wird fortgeführt. Ein Kollege meldet sich und meint: »Ich weiß nicht, was das alles soll. Es ist nun einmal wichtig, dass wir uns alle einschränken, es ist eine weltweite Pandemie, und wir wollen schließlich irgendwann wieder ein normales Leben führen. Da kann man ja wohl jetzt einmal alles machen, was notwendig ist, und sich nicht so anstellen. Ich lebe auch allein. Aber mir macht das gar nichts aus. Ich passe mich halt an.« Zwei schließen sich ihm an und finden: »Das muss einfach sein.« Und: »Was will man da machen?«

Die Teilnehmenden werden gebeten, gemeinsam nach Lösungen zu suchen, wie Frau N. unterstützt werden könnte. Da die Gesprächsteilnehmenden allein nicht weiterkommen, wird vorgeschlagen, sich die Situation, die aktuell alle Menschen – nicht nur in Deutschland – betrifft, detailliert anzusehen, um dadurch gemeinsam Entlastungsmöglichkeiten zu finden.

Der Fall zeigt, wie unterschiedlich das Ausmaß an bestimmten Bedürfnissen ist, wie verschieden daraus entstehende Defizite wahrgenommen und Dysbalancen reguliert werden können. Frau N. reagiert – wie viele andere auch – auf die Mehrfachverluste mit Trauer, die ihre Wahrnehmung und Sichtweise stark beeinflusst. Die Belastung wird bei ihr durch fehlende Möglichkeiten der Selbstregulation und des Selbstmitgefühls sowie durch eingeschränktes Mitgefühl von Freundinnen und teilweises Unverständnis anderer Teammitglieder verstärkt.

1.7 Ich bin schuld – Teil A

Mögliche Einflussfaktoren: Beziehungsstörung, empathischer Stress, Mitleid, Schuldgedanken, fehlende Trauer, fehlendes Selbstmitgefühl
Folgen: Überforderung und Erschöpfung

Frau S., 32 Jahre alt, kaufmännische Angestellte, ledig, keine Kinder, sucht Unterstützung, da sie sich seit geraumer Zeit überfordert fühlt. Sie wünscht Coaching mit dem Ziel, wieder fit zu werden und wieder Lust am Leben und Arbeiten zu haben.

Es werden zunächst sechs Termine vereinbart und ihre gegenwärtige Situation beleuchtet. Sie lebt allein, da Beziehungen immer wieder scheitern. Ihre berufliche Situation ist stabil, und sie scheint von der Arbeit nicht überfordert zu sein. Auf die Symptomatik angesprochen, schildert sie folgende Tendenzen: Sie sei geräuschempfindlicher als früher; sie würde Termine mit Freundinnen manchmal gern absagen; in der Mittagspause manchmal lieber allein spazieren gehen; reagiere auf Nachfragen von Kolleginnen oft aggressiv; fühle sich müde und erschöpft. Ihr Schlaf sei normal. Sie schildert, dass sie gern jogge, viel lese und Musik höre. Aber aktuell gern allein sei.

Es wird gemeinsam erforscht, seit wann die Beschwerden bestehen, und entdeckt, dass sie bereits vor ungefähr sieben Jahren begannen und sich langsam entwickelt haben. Auf die Frage, in welcher Lebenssituation sie damals gewesen sei, wird Frau S. ganz still und es treten Tränen in ihre Augen. Ihr Vater sei vor acht Jahren verstorben, und sie könne den Verlust nicht akzeptieren und nicht trauern.

Im Verlauf der weiteren Begleitung zeigt sich das Bild einer symbiotischen Beziehung zwischen Vater und Tochter. Frau S. beschreibt die Beziehung zu ihrem Vater mit »Wir waren uns so ähnlich, ich wusste immer, was mit Papa los war. Er musste gar nichts sagen. Wir hatten die gleichen Interessen, den gleichen Humor. Er war mir so nah«. Zur psychisch kranken Mutter habe sie keine Beziehung aufbauen können.

Die enge Verbindung zum Vater führte vor zehn Jahren, in ihrem 22. Lebensjahr, zu einer ersten Überforderung durch die Diagnose Krebs bei ihm. Sie habe die Wochen und Monate danach mit ihm massiv mitgelitten. Zwei Jahre später sei es ihrem

Vater so schlecht gegangen, dass er ins Krankenhaus gebracht werden musste. Eines Abends habe sie sich gewünscht, dass seinem Leid ein Ende gesetzt werde. Als sie später ins Krankenhaus kam, wurde ihr mitgeteilt, dass der Vater kurz zuvor verstorben sei. Diese Mitteilung habe sie geschockt, vor allem da sie glaube, dass es ihre Schuld sei, dass der Vater an diesem Abend verstarb. Sie könne sich den zu sich selbst ausgesprochenen Wunsch, dass er erlöst werde, nicht verzeihen. »Ich bin schuld, dass er gestorben ist. Vielleicht hätte er es wieder geschafft. Aber ich war so egoistisch und habe nur an mich gedacht, weil es so schwer war, ihn leiden zu sehen.« Sie teilt mit, sie träume sehr oft von ihrem Vater. In ihren Träumen lebe er noch. Sie könne einfach nicht begreifen, dass er tot sei.

Daraufhin werden Themen wie der Sinn von Trauer und Auswirkungen verdrängter Trauer, Verlauf eines Burn-out-Syndroms und Trauerbegleitung besprochen. Frau S. möchte weiter in Einzelsitzungen arbeiten und nicht an einer Trauergruppe teilnehmen.

Im nächsten Termin teilt Frau S. mit, dass sie spüre, wie gut es ihr tue, jetzt über den Verlust zu reden. Sie glaube, dass die Zeit gekommen sei, sich diesem Thema zu stellen. Da die junge Frau arbeitsfähig ist, von einem großen Netzwerk an Freunden spricht, tendenziell psychisch stabil ist, gut schläft und Interesse, Lust und Freude besteht, allein etwas zu unternehmen, kann das Vorliegen einer psychischen Störung im Sinn einer Depression außer Acht gelassen und auf einen Verweis auf andere Maßnahmen zur Unterstützung verzichtet werden.

Die enge Verbindung zu ihrem Vater und die fehlende bewusste Ablösung von ihm implizierten tiefes Mitleid mit ihm. Schuldgedanken durch den Wunsch der Erlösung und eigenen Entlastung sowie fehlendes Selbstmitgefühl, das eine Distanzierung vom Vater erfordert hätte, ließen kein Fortschreiten der Trauer zu. So entwickelte sich trotz – oder auch gerade aufgrund von – Ablenkung und Verdrängung über Jahre eine psychische und physische Überlastung mit Erschöpfung mit den eingangs beschriebenen Symptomen, unter anderem auch aggressivem Abwehren des besorgten, mitfühlenden Nachfragens von Kolleginnen.

1.8 Ich habe so mit ihr gelitten – Teil A

Mögliche Einflussfaktoren: Mitleid, empathischer Stress, fehlende Selbstwahrnehmung und Prüfung der eigenen Ressourcen, schlechtes Gewissen und destruktive Überzeugung, fehlendes Selbstmitgefühl

Folgen: Überforderung, posttraumatische Belastungsstörung, erschwerte Trauer

Frau W., 51 Jahre, Beraterin, verheiratet, drei erwachsene Söhne, kommt in die Einzeltrauerbegleitung, da sie nach dem Tod der Mutter, die im Hospiz vor 18 Monaten verstorben ist, keine innere Ruhe mehr finde. Sie fühle sich »ausgelaugt«, wie sie sagt.

Im ersten Termin wird geklärt, inwieweit sie arbeitsfähig ist und wie sie sich die innere Unruhe erklären kann. Frau W. teilt mit, dass sie seit drei Monaten krankgeschrieben sei, da es ihr nicht mehr möglich gewesen sei, in ihrem Beruf als Beraterin zu arbeiten. Als Ursache ihres Gesundheitszustands gibt sie an, dass besonders Geräusche, wie das Schnarchen ihres Mannes, ihr extrem zu schaffen und sie aggressiv machen.

In der nächsten Sitzung wird Frau W. gefragt, ob sie davon erzählen möchte, wie sie den Tod ihrer Mutter erlebt habe. Sie berichtet daraufhin, dass ihre Mutter an Krebs erkrankt sei und nach mehreren Operationen feststand, dass sie sterben werde. Es wurde daraufhin organisiert, dass sie in ein Hospiz in einem Nachbarort einziehen konnte. Frau W. habe ihre Mutter jeden Tag nach der Arbeit besucht, habe sie gefüttert und sie hätten zusammen geredet. Als absehbar war, dass die Mutter nur noch kurze Zeit zu leben habe, sei Frau W. von der Hospizleitung gefragt worden, ob für sie ins Zimmer der Mutter ein Bett dazugestellt werden solle, um ihr die letzten Tage bzw. Nächte noch nah sein zu können. Sie sei daraufhin hin- und hergerissen gewesen. Letztendlich habe sie sich aus Loyalität und schlechtem Gewissen ihrer Mutter gegenüber dazu verpflichtet gefühlt. Sie sei zum Abendessen gekommen, habe bei ihrer Mutter geschlafen und sie nach dem Frühstück wieder verlassen, um zur Arbeit zu gehen. Die letzten Tage habe sie sehr mit ihr gelitten. Nur selten sei sie auch mal in den Aufenthaltsraum gegangen, nur dann, wenn die Mutter geschlafen habe. Dies seien wertvolle Momente für sie gewesen, die sie gern ausgedehnt hätte.

Während des Erzählens wird spürbar, wie anstrengend es für Frau W. heute noch ist, wenn sie an die Situation vor eineinhalb Jahren denkt. Es wird deshalb besonders darauf geachtet, die Klientin nicht zu überfordern. Zum Abschluss der Stunde wird in die Gegenwart gewechselt, und es werden Momente beleuchtet, die ihr guttun, in denen sie Kraft schöpfen kann.

In der nächsten Sitzung wird eine Szene aus der Vergangenheit, damals im Aufenthaltsraum des Hospizes, aufgegriffen, um Frau W. den Zusammenhang zwischen ihrem inneren Impuls, im Aufenthaltsraum bleiben zu wollen, den sie gespürt, aber nicht weiterverfolgt hat, ihren Gedanken – »Ich muss bis zuletzt für Mutter da sein« – und Handlungen – »Ich muss hier bei ihr schlafen« – zu verdeutlichen. Durch die Entscheidung – ausgelöst aus einer Mischung aus Loyalität, schlechtem Gewissen mit Schuldgedanken und Mitleid –, nachts bei der Mutter im Hospiz zu bleiben, ohne bewusst abzuwägen, ob dies ein sinnvoller Entschluss sei, war Frau W. über ihre physischen und psychischen Grenzen gegangen. Sie hatte ihre eigenen Ressourcen nicht geprüft und sich nicht bewusst gemacht, inwieweit dies für ihre sterbende Mutter tatsächlich eine Hilfe oder Erleichterung war. Durch diesen vermeintlich mitfühlenden Akt hatte sie sich extrem überfordert, wenn nicht sogar durch das laute Röcheln der Mutter in den letzten Nächten traumatisiert, da sie heute durch das Schnarchen ihres Mannes und einsetzende Erinnerungen an die damalige Situation massiv beeinträchtigt wurde. Eine bewusste Trauer um die Mutter war so bisher nicht möglich.

Es wird Frau W. empfohlen, einen Termin bei einem psychiatrischen Facharzt zu vereinbaren, um abzuklären, inwieweit sich eine psychische Störung im Sinn einer posttraumatischen Belastungsstörung entwickelt hat und ob gegebenenfalls eine Psychotherapie sinnvoll wäre. Die verbliebenen Termine zur Trauerbegleitung werden zurückgestellt.

Nach zehn Monaten meldet sich Frau W. telefonisch und berichtet, dass sie eine Psychotherapie begonnen habe und wieder arbeitsfähig sei. Es sei ihr jetzt möglich, das Erlebte, aber auch die Beziehung zu ihrer Mutter aufzuarbeiten. Gleichzeitig äußert sie den Wunsch, die vereinbarten Sitzungen als Termine zur Unterstützung für ihre Tätigkeit als Beraterin zu nutzen, um sich mit den Themen Selbstfürsorge, Abgrenzung und Trauer zu beschäftigen.

1.9 Ich will doch nur ihr Bestes – Teil A

Mögliche Einflussfaktoren: Kontaktstörung Konfluenz, destruktive Sichtweisen und Überzeugungen, Unwissenheit, Trauer
Folge: fehlendes Mitgefühl

Ein Träger, der schwer erkrankten und sterbenden Menschen und ihren Familien ehrenamtlich Mitarbeitende zur Unterstützung und Begleitung an die Seite stellt, bietet den Begleitenden regelmäßig Gruppensupervision an. In einer der Sitzungen steht ein Anliegen von Frau D. im Mittelpunkt. Sie ist Frührentnerin, 64 Jahre alt, verwitwet und hat zwei erwachsene Söhne. Sie berichtet, zuletzt eine türkischstämmige Familie mit an Krebs erkrankter Mutter, Vater und zwei Kindern (Ahmet und Esma) begleitet zu haben. Der Auftrag war durch den Tod der Mutter offiziell beendet. Frau D. erzählt: »Ich habe alles für die Familie Üsal, vor allem für die Kinder, getan. Und nun, wo die Mutter tot ist, lässt mich der Vater nicht mehr zu den Kindern. Er will keinen Kontakt und verbietet ihn auch den Kindern.« Frau D. wird gefragt, wie ihr die Supervision helfen könne, was sie sich wünsche. Sie sagt: »Ich kann das Verhalten des Vaters nicht verstehen. Es belastet mich. Ich möchte wissen, was ich tun kann, ob ich trotz Beendigung der Begleitung etwas für die Kinder tun kann.« Frau D. wird daraufhin aufgefordert, etwas mehr über die Unterstützung der Familie zu berichten, und sie schildert, wie viel Zeit, Mühe und Liebe sie in die Begleitung der Mutter und der Kinder investiert habe. Sie habe Schulpraktika und Ausflüge organisiert, zusammen mit den Kindern Hausaufgaben erledigt, gekocht, sei mit den Kindern ins Kino gegangen und sei auch öfter vor Ort gewesen als üblich, so sehr hätten ihr die Kinder am Herzen gelegen. Auf die Ursache für die Intensität der Betreuung angesprochen, schildert sie, den Umgang des Vaters mit den Kindern als unangemessen empfunden zu haben. Deshalb habe sie sich mehr als vereinbart kümmern müssen.

Weiter erzählt sie: »Nach dem Tod der Mutter möchte ich gern weiterhin Kontakt zu den Kindern. Denn der Vater kommt allein mit ihnen nicht klar. Das Jugendamt ist zwar eingeschaltet. Aber ich verstehe nicht, weshalb jetzt eine fremde Person die Familie unterstützen soll, wo ich den Kindern vertraut bin. Es reicht doch, dass sie ihre Mutter verloren haben. Ich will doch nur ihr Bestes. Und ich leide sehr darunter, dass ich sie nicht mehr sehen kann.« Sie spricht von der Ablehnung des Vaters und der Ungerechtigkeit nach all dem, was sie für die Familie getan habe. Sie finde, der Vater könne etwas mehr Mitgefühl mit ihr und seinen Kindern haben. Ob die Kinder sie vermissen, wisse sie nicht, da sie ja nicht zu ihnen dürfe und sie Anrufe weder über Telefon noch Handy annehmen.

Frau D. wird gebeten, eine Situation zu schildern, die ihr gezeigt habe, dass der Vater unfähig sei, gut für die Kinder zu sorgen, bzw. in der sie sein eingeschränktes Mitgefühl wahrgenommen habe. Sie schildert: »Herr Üsal hatte für Ahmet, der ist 15, einen Praktikumsplatz in einem Handyladen seines Bruders organisiert. Das geht doch nicht. So etwas ist doch kein Praktikum, da kann er doch nichts lernen. Ich habe ihm ein Praktikum bei der Sparkasse besorgt. Da kann er später gut Geld verdienen. Aber der Vater hat es nicht zugelassen, hat sich durchgesetzt.« Und weiter: »Der Vater kümmert sich auch sonst nicht um die Kinder. Er kontrolliert keine Hausaufgaben, bringt die Kinder nicht ins Bett. Ich bin, wenn ich da war, immer noch mit zu Esma, die ist erst elf, ins Zimmer gegangen und habe ihr vorgelesen. Das tut ihr Vater nicht. Der kommt doch mit den beiden allein gar nicht klar.«

Nicht in jedem Fall ist es hilfreich, Betroffenen hypothetische Betrachtungen anzubieten. Wenn damit zu rechnen ist, dass Klienten dies überfordern könnte und sie mit Widerstand reagieren, werden andere hilfreiche Interventionen, wie beispielsweise ein Vergleich, gewählt. Anliegen war, Frau D. anzuregen, selbst Gründe für das scheinbare Fehlen von Mitgefühl des Vaters der betreuten Familie zu finden.

1.10 Antisoziales Verhalten versus Mitgefühl

Mögliche Einflussfaktoren: multiple, sich gegenseitig aufschaukelnde Umstände und Hintergründe
Folgen: fehlendes Mitgefühl und antisoziales Verhalten

Der letzte Fall aus der Beratungspraxis ereignete sich abends gegen 23.40 Uhr auf einer Bahnreise. Ich war auf der Rückfahrt von einer Tagung, und im Großraumwagen saß mir eine Gruppe junger Männer schräg gegenüber. Die Fahrt aus dem Bahnhof heraus stoppte nach wenigen Minuten, und bald machte, ohne Information des Zugführers, die Vermutung eines »Selbstmordversuchs« die Runde im Zugabteil. Die bestätigende Durchsage 40 Minuten später wurde von einem der vier Männer mit »Wieder so ein Verrückter!« kommentiert. Sein Nachbar reagierte darauf mit: »Kann der sich nicht eine Brücke oder einen Baum suchen?« Als nach 50 Minuten der Zug wieder anrollte, wurde die Situation mit dem abschließenden Satz »Wenn jetzt noch einer auf die Idee kommt, sich auf die Schienen zu legen, bin ich dafür, dass wir drüberfahren«, und einem gemeinsamen Lachen der Beteiligten beendet und das Thema fallen gelassen.

Während dieses Vorfalls war ich über die Unterhaltung regelrecht schockiert, aber zu keiner Reaktion fähig. Beim Anrollen des Zuges habe ich den Rest der Fahrt mit mir gekämpft, wie ich reagieren sollte. Einstellungen, Formulierungen und Verhalten dieser Art waren mir bis dahin noch nicht begegnet. Als ich, ohne etwas unternommen zu haben, ausstieg, breiteten sich Selbstzweifel aus. Am nächsten Tag half mir eine intensive Recherche und ein Gespräch mit einem Kollegen, um derartige Reaktionen einordnen zu können.

Als mögliche Einflussfaktoren und Ursachen für antisoziales Verhalten konnten gefunden werden:
1. Enthemmung durch Alkoholkonsum;
2. gruppendynamischer Schneeballeffekt, etwas Witziges beisteuern zu wollen, und Gruppenzwang, dazuzugehören;
3. Stress aufgrund der durch die Uhrzeit und den Zugstopp verursachten fehlenden Befriedigung physischer Bedürfnisse wie Essen, Trinken und Schlaf;
4. fehlende Befriedigung psychischer Grundbedürfnisse nach Selbstwerterhalt und Selbstwertsteigerung bzw. Wiedererlangen von Sicherheit durch abwertende Kommunikation, um die Situation kontrollieren und sich wieder orientieren zu können;
5. Unwissenheit durch fehlende Erfahrungen zu Umständen von Suizidalität;
6. Unreflektiertheit und dadurch impulshaftes Reagieren ohne Bewusstmachen der Wirkung der eigenen Worte;

7. abwehrende Kommunikationsform Zynismus, mit der die eigene Betroffenheit, Unsicherheit oder Unwissenheit umgangen bzw. verdeckt werden kann;
8. fehlende Nähe und im Gegensatz zum Zugführer fehlende emotionale Betroffenheit als Bestandteil empathischer Reize;
9. durch die Situation, die alle Beteiligten unvorbereitet traf, ausgelöster Selbstschutz;
10. entsprechende prägende Erfahrungen wie eigene Kränkungen, Verletzungen und »Vorbilder«, um selbst auf Zynismus zurückgreifen und ihn anwenden zu können.

Es ist nicht möglich und auch nicht nötig, alle tatsächlichen Ursachen fehlenden Mitgefühls und antisozialen Verhaltens zu erkennen und zu verstehen, denn auch hypothetische Erklärungen fördern durch das Durchdringen von Zusammenhängen das Beruhigen von Gedanken und Gefühlen, wenngleich sich bei mir keine Akzeptanz gegenüber derartigem Verhalten einstellte. Es half die Tatsache, dass bis zu einem entsprechenden Ereignis Unerfahrenen, ebenso wie Kindern, die Möglichkeit fehlt, Zynismus zu erkennen, zu nutzen oder auf diese Form abwehrender Kommunikation adäquat bzw. überhaupt zu reagieren. Mit Selbstmitgefühl und dem angeeigneten Wissen war es mir möglich, die entstandenen Selbstzweifel, auf die Äußerungen der jungen Männer nicht angemessen reagiert zu haben, langsam aufzulösen.

2 Fälle aus Beratung und Trauerbegleitung, die zeigen, welche Interventionen Mitgefühl und prosoziales Verhalten fördern können

Es gibt viele bekannte Möglichkeiten, Selbstwahrnehmung, Selbstregulation und Selbstmitgefühl zu stärken, beispielsweise durch bewusste Pausen, aktive Atmung und bewusste Achtsamkeit, aber auch Yoga oder andere körperorientierte Methoden.

Mitgefühl für sich selbst und andere kann besonders durch Meditation gefördert werden. Eine klassische Methode ist die buddhistische Mitgefühlsmeditation wie die »Meditation der liebenden Güte« (Yates, 2017), bei der man sich selbst (und anderen) ganzheitlich Gutes wünscht:
- Möge ich sicher sein und frei von Gefahr.
- Möge ich Frieden in mir haben und frei sein von geistigem Leid.
- Möge ich gesund sein und frei von körperlichem Leid.
- Möge ich auf mich achtgeben und glücklich leben.

Sich dabei der wohlwollenden Hinwendung zu sich selbst und der gemeinsamen Basis, des Menschseins, bewusst zu werden, ist die Grundlage, um Mitgefühl zu entwickeln. Diese Methoden können allein oder in spezifischen Übungsgruppen mit anderen zusammen gelernt und trainiert werden.

Die nachfolgend vorgestellten Interventionen können in Trauerbegleitung und Beratung ohne spezielle Vorkenntnisse eingesetzt werden. Sie haben eines gemeinsam: Sie fördern neben Mitgefühl für sich und andere auch prosoziales Verhalten und die psychische Widerstandskraft des Einzelnen, um belastende Situationen gut meistern zu können. In Trainings wird Wert gelegt auf
- das Aufdecken und Nutzen von sowie den achtsamen Umgang mit Ressourcen;
- die Akzeptanz, dass Leben mit Veränderung und Krisen einhergeht;
- die Stärkung von Selbstwahrnehmung, Selbstregulation, Selbstwirksamkeit und Selbstwert;
- Achtsamkeit und Anregen eines Perspektivwechsels.

So können gesunde Sichtweisen und Einstellungen sowie emotionale Balance erlangt und die eigene Resilienz gesteigert werden.

Ein Teil der Interventionen wurde in der Natur durchgeführt, da Studien zeigen, dass dort Erfahrungen gemacht werden können, die in geschlossenen Räumen nicht möglich sind. Forscher haben in einer Analyse herausgefunden, dass es nur fünf Minuten in der Natur braucht, bis die Stimmung deutlich verbessert und das Selbstwertgefühl erhöht ist. Am stärksten ist der entspannende Effekt, wenn die Zeit im Grünen in der Nähe von Wasser verbracht wird.[7] Es ist auch hilfreich, Naturmaterialien zu sammeln und damit drinnen zu arbeiten.

Die Übungen in Trauerbegleitung und Beratung sind wichtige Instrumente, um psychische Belastungen bei Leidenden und Trauernden, aber auch bei Beratenden und Begleitenden selbst aufgrund ihrer Arbeit mit Menschen aufzudecken, abzubauen oder ihnen vorzubeugen. Im Rahmen dieser Settings stellt das Training von Selbstmitgefühl und Mitgefühl für andere häufig nur einen Nebeneffekt oder ein begleitendes Ziel dar, da diese Unterstützungsformen in der Regel wegen anderer Problemstellungen – Trauer, Konflikte oder Überlastung – in Anspruch genommen werden.

2.1 Kinder waren nie eine Option – Teil B

Input: Doppelverlust, fehlende Trauer, Abwehrmechanismus Reaktionsbildung

Intervention 1: Wunden heilen, outdoor

Hilfsmittel: Löchriges Blatt, geknickte Blume, abgebrochener Ast, verletzter Baum oder Ähnliches

Wirkung: Verletzung annehmen, Selbstmitgefühl und Mitgefühl fördern

---

7 https://www.welt.de/gesundheit/article154517284/Nur-fuenf-Minuten-im-Wald-staerken-Ihr-Selbstbewusstsein.html (Zugriff am 09.07.2021).

Input
Frau J. hatte die Krise mit ihrem Freund und die Trennung, ihr zerbrochenes Glück der Beziehung und der Schwangerschaft und den plötzlichen Verlust des Kindes lange Zeit unbewusst abgewehrt. Bewusst getrauert über den Doppelverlust hatte sie nicht.

Um sie zu entlasten, wird ihr der Abwehrmechanismus der Reaktionsbildung als notwendiger Bewältigungsimpuls ihres Unbewussten näher erläutert. Sie erkennt, dass der Wunsch nach Kindern abgewehrt werden musste, da die belastende Erfahrung des Doppelverlustes sie psychisch überfordert hätte. Ihr Wunsch wurde ins Gegenteil verkehrt, sodass Kinder keine Option waren. Diese Einstellung bestimmte fortan ihre Verhaltensweisen, sodass die Erfüllung ihres Wunsches unmöglich wurde.

Die fehlende Verlustbewältigung und nicht eingesetzte Trauer hatten zur Erschöpfung, die Reaktionsbildung zur aversiven Einstellung gegenüber entbundenen Müttern und zur Abwehr mitfühlender Impulse geführt.

Intervention 1
In einer der Sitzungen wird Frau J. vorgeschlagen, um die Wunden von damals ein kleines Stück zu heilen, die kommende Stunde ins Freie zu verlegen, was sie begrüßt und neugierig macht.

Im Wald angekommen, wird Frau J. eingeladen, sich umzusehen und Ausschau zu halten nach Ästen, Zweigen, Pflanzen, Blättern, die offensichtlich verletzt sind. Dazu gehen wir durch den Wald, ich kurz hinter ihr, um sie bei ihrer Suche nicht zu beeinflussen. Ihr wird ausreichend Zeit gelassen. Sie findet ein Blatt und eine herausgerissene vertrocknete Pflanze, aber es scheint noch nicht das Richtige zu sein. Nach einer Weile sieht sie einen Baum mit einem sehr großen Defekt am Stamm in etwa zwei Meter Höhe.

Man sieht deutlich, dass hier einmal ein starker Ast abzweigte, der entfernt wurde. Hier bleibt Frau J. stehen und sagt: »Ja, so fühlt es ich an«, und nach einer Pause: »Es ist nicht nur ein kleiner Ast oder zwei Äste, die abgeknickt sind, sondern es ist eine große Wunde entstanden.« Sie wird gebeten, sich einmal einzufühlen und, wenn sie mag, den Stamm zu berühren. Es wird ihr freigestellt, wie weit sie sich mit den Händen bis zur Verletzung des Baumes vortasten möchte. Sie kann frei entscheiden, ob sie dies mit offenen oder geschlossenen Augen – was die Erfahrung vertiefen würde – tun möchte. Sie soll dabei das aufsteigen lassen, was kommt. Allerdings soll sie sofort, wenn sie bemerkt, dass die Belastung zu groß wird, sich vergegenwärtigen, dass sie im Wald steht, einen Baum berührt, und sich vorstellen, was mit ihm passiert sein könnte (siehe Abbildung 6).

Abbildung 6: Intervention »Wunden heilen«

Diesen Wechsel zwischen eigenen belastenden Erfahrungen in der Vergangenheit und Bewusstmachung der gegenwärtigen Aktion soll sie mehrfach – entweder leise für sich oder laut – wiederholen. Frau J. wird zu ihrer Sicherheit vorher darauf hingewiesen, dass sie im Auge behalten wird. Es wird mit ihr abgestimmt, ob ein Satz oder eine Berührung sie wieder zurück in die Gegenwart bringen soll, falls ein Impuls von außen notwendig werden sollte.

Nach diesem ersten Herantasten wird Frau J. vorgeschlagen, nach Worten zu suchen, die die gegenwärtige Situation des Baumes besänftigen. Sie sagt: »Er ist groß und stark geworden und trotzt wahrscheinlich jedem Sturm, obwohl ihm einmal dieser Ast abhandengekommen ist.« Es wird ihr vorgeschlagen, diesen oder einen ähnlichen Satz zu sich selbst zu sagen, und nach zwei Fehlversuchen gelingt ihr der Satz: »Ich lerne gerade, gut auf mich zu achten, damit Verletzungen mich nicht mehr umhauen.« Es wird im Verlauf der Stunde noch nach weiteren entlastenden Sätzen für ihre Wundheilung gesucht, die Frau J. sichtlich guttun.

Im Anschluss wird sie eingeladen, den Baum und seine Verletzung nochmals zu berühren. Dabei soll sie sich vorstellen, welche Belastungen andere Menschen in ihrem Leben erleiden mussten und müssen. Sie soll einmal in ihrer Familie nach schweren Schicksalsschlägen suchen, und sie berichtet davon, während sie die Wunde berührt. Danach wird sie gefragt, wie oft Frühchen sterben, und anschließend darauf hingewiesen, dass auch diese Mütter und ihre Familien nicht frei von Leid sind und dass jede – wenn auch vielleicht ganz andere – Belastungen in ihrem Leben erlebt hat. Es wird deutlich, dass dieser Perspektivwechsel Frau J. noch schwerfällt, aber ein erster Schritt in Richtung Mitgefühl ist gemacht. Um den Impuls für mehr Mitgefühl sich selbst gegenüber zu vertiefen, wird abschließend die Wahrnehmung nochmals auf sie und ihren besänftigenden Satz gelenkt.

Diese Übung kann auch in geschlossenen Räumen stattfinden. Dazu werden – gefundene, nicht herausgerissene – verletzte Naturmaterialien zuvor gesammelt und auf dem Fußboden oder einem Tisch bereitgelegt.

2.2 Michael hat keine Zeit – Teil B

Input: Schuldgedanken, Familiengeheimnisse, Subjektivität, fehlende Trauer
Intervention 2: Mein Rucksack, indoor
Hilfsmittel: Rucksack, große Steine
Wirkung: Selbstmitgefühl und Mitgefühl für andere fördern

Input
Die neben dem Beleuchten verschiedener Möglichkeiten, in Phasen des Trauerprozesses auf einen Verlust zu reagieren, eingeschobene Inputeinheit befasst sich mit der Subjektivität menschlicher Muster sowie dem unbewussten Entwerfen von Überlebensmustern aufgrund vorangegangener Erfahrungen. Es wird Wert darauf gelegt, dass von allen Trauernden in der Gruppe das Verhalten von Frau R. als für ihre Lebensgeschichte notwendiges Muster erkannt und sie deswegen nicht verurteilt wird.

Ziel der Fragen und Informationen zu Gedanken- und Abwehrkonstrukten im Trauerprozess ist, dass die Trauernden erkennen, dass jedes Verhalten einen Sinn hat. Besonders für Frau R. ist es entlastend, zu erfahren, dass ihre Angst, das Familiengeheimnis zu lüften, durch Schuldgedanken aufrechterhalten wird und dass diese eine Aufgabe haben. Die gemeinsame Suche danach und Erläuterungen zu ihrem Nutzen – wie die Abwehr der Hilflosigkeit nach dem Verlust des Sohnes oder die Aufrechterhaltung der Bindung an ihn – unterstützen Frau R. Je mehr sie sich öffnen und erzählen kann, desto mehr nehmen – auch durch die nachfolgende Intervention – Verständnis und Mitgefühl der anderen Trauernden zu.

Intervention 2
Um den Mut bei Frau R. anzuregen, sich auch ihrer Familie gegenüber zu öffnen, und den anderen Trauernden die Erfahrung von Belastung und Entlastung zu ermöglichen und ihr Mitgefühl für

Frau R. zu fördern, wird der Gruppe die Intervention »Mein Rucksack« vorgeschlagen. Dazu sind neben dem Rucksack einige große Steine und einführende Worte notwendig. Es wird erklärt, dass alle Menschen mehr oder weniger Schweres – je nachdem, welche belastenden Erfahrungen sie gemacht haben – in ihren imaginativen Rucksäcken mit sich herumtragen. Wie schwer ihr Gewicht auf den Schultern liegt und wie es sich anfühlt, wenn Belastendes, durch Mut angeregt, abgelegt und Entlastung gespürt werden kann.

Der reale, mit Steinen gefüllte schwere Rucksack wird innerhalb des Stuhlkreises abgestellt. Nacheinander werden die Teilnehmenden aufgefordert, in der ersten Runde den Rucksack aufzusetzen und hinter dem Stuhlkreis eine Runde langsam und auf ihre Wahrnehmungen achtend zu gehen. Dabei sollen sie – jeder für sich – überlegen, was sie Schweres mit sich herumtragen. Danach wird der Rucksack wieder in die Mitte gestellt und der nächste Trauernde übernimmt ihn.

Es ist für alle sehr spannend, was sie jeweils als Last, die sie mit sich herumtragen, entdecken. Besonders Frau R. wird bewusst, wie kraftzehrend dieses Familiengeheimnis ist und dass es ihr so auch nicht möglich war, bewusst zu trauern.

In der zweiten Runde soll der Rucksack mit den Steinen wieder aufgenommen und während des Gehens überlegt werden, welche Belastung der Betroffene entnehmen möchte, ohne momentan eine Idee zu haben, wie das konkret aussehen könnte. Allein die Idee und die Vorstellung der Entlastung zählen. Auch diese Runde durchlaufen alle Beteiligten. Phänomenalerweise erzählen einige Gruppenmitglieder, dass allein die Gedanken an eine Entlastung den Eindruck vermittelt hätten, dass es sich leichter anfühlte.

Im dritten Durchgang werden die Trauernden gebeten, den gefüllten Rucksack wieder aufzusetzen, sich nochmals hinter den Stuhlkreis zu begeben und zu beginnen, im Kreis zu gehen. Der Last auf ihrem Rücken soll noch einmal bewusst nachgespürt werden. Nach ein paar Schritten sollen sie stehen bleiben, den Rucksack absetzen, komplett leeren, ihn wieder aufsetzen und die Runde so bis zum Ende gehen. Auch jetzt sollen sie intensiv dem neuen Gefühl nachspüren. Der folgende Durchgang beginnt damit, dass der Nächste den Rucksack füllt und die Runde wie sein Vorgänger absolviert.

Erst am Ende erfolgt der Austausch über die gemachten Erfahrungen. Es wird in diesem Fall darauf geachtet, dass vor allem Frau R. mit Lösungsvorschlägen aus der Gruppe unterstützt wird, Mut und einen Weg zu finden, um das Familiengeheimnis zu lüften und damit aufzulösen, da zum Trauerprozess die bewusste Auseinandersetzung mit dem Tod des Verstorbenen gehört. Frau R. gefällt die Idee am besten, einen Brief an einige oder alle Familienmitglieder – da ist sie sich noch nicht sicher – zu schreiben. Eine persönliche Konfrontation, vor allem mit der Mutter, ist für sie momentan noch unvorstellbar.

2.3 Sie liebt mich nicht mehr – Teil B

Input: Selbstbezogene Bewertungen, Depression, Sinn von Trauer

Intervention 3: Sesam öffne dich, indoor

Hilfsmittel: Kleinere Naturmaterialien

Intervention 4: Licht und Schatten, indoor

Hilfsmittel: Naturmaterialien, 3–4 Meter langes Seil, zwei ca. 1–2 Meter lange Seile

Wirkung: Training von Wahrnehmung, Perspektivwechsel, Förderung von Mitgefühl und Selbstmitgefühl, Trauer ermöglichen

Input

Für die Arbeit mit Herrn F. war es wichtig, ihm immer wieder zu ermöglichen, durch eigene Erfahrungen zu lernen, sich in seine Partnerin einzufühlen. Trotz anfänglicher Skepsis gelingt es ihm, sich dadurch von Trennungsgedanken zu distanzieren; die Hypothese aufzustellen, dass seine Partnerin in ihrer Trauer eine Depression entwickelt hat; das Besprechen depressiver Symptome und das Zuordnen dieser als mögliche Ursachen für bestimmte Verhaltensweisen seiner Partnerin; die Empfehlung, die Partnerin dahingehend zu unterstützen, ihre Lage einzuschätzen und sich ebenfalls Hilfe zu suchen, beispielsweise beim Hausarzt, – dies waren erste Schritte, um Unterstützung zu geben und mehr Mitgefühl anzuregen.

Weiter setzt sich Herr F. mit seinem Denkmuster des Bewertens auseinander und erkennt, dass er

- davon ausgegangen ist, dass es sich um Tatsachen handelt und nicht um subjektive Interpretationen dessen, was er wahrnimmt;
- sich in eine Opferrolle begeben hat und die Partnerin als Täterin bewertet;
- das Verhalten der Partnerin negativ gedeutet hat, obwohl es für sie Gründe – ihre Trauer, depressive Verstimmung – gibt, sich so zu verhalten;
- das, was die Partnerin sagt oder tut, ausschließlich auf sich selbst bezieht;
- das Verhalten der Partnerin als Angriff gegen sich selbst bewertet, sich wehrt und verteidigt wie auf einem »Schlachtfeld«, so als ob nur zählt, wer Sieger wird, und dass die Beziehung dadurch leidet;
- das Verhalten der Partnerin als Ausdruck ihrer momentanen Verfassung, ihrer belastenden Gefühle, ihrer Trauer sehen kann;
- die Partnerin unterstützen kann, indem sie das Gefühl erhält, aktuell so sein zu können, wie sie ist;
- die Beziehung unterstützen kann: Wenn in Zukunft keiner von beiden einen Angriff befürchten muss, wenn er oder sie einmal geschwächt ist und leidet, können beide, ihr Vertrauen und auch ihre Beziehung daran wachsen.

Intervention 3
Als Intervention zum Training des Perspektivwechsels und Mitgefühls wird die Übung »Sesam öffne dich« gewählt. Dazu wird Herr F. eingeladen, sich die auf dem Boden verteilten Naturmaterialien – verschiedene kleine Steine, Muscheln, Fossilien, Holzstücke und eine kleine Daunenfeder –, die aufgrund ihrer Größe jeweils in die geschlossene Hand passen, anzusehen. Er soll überlegen, welches der Teile ihm passend erscheint für den Aspekt »Vertrauen«. Er wählt die Daunenfeder. Herr F. meint: »Vertrauen stelle ich mir vor wie diese Feder. Wenn man es hat, fühlt man sich frei und leicht.«

Er wird gebeten, die Feder in die Hand zu legen und diese zu schließen. Dann wird ihm der Sinn der Übung erklärt: »Wir Menschen tragen alle verschiedene Möglichkeiten des Denkens, Fühlens und Handelns in uns, auch Persönlichkeitsanteile wie Vertrauen. Um belastende Situationen im Leben zu überstehen, werden unwillkürlich Bewältigungsmuster im Gehirn angelegt, die das Überleben und Weiterfunktionieren sichern. Auch im Erwachsenenalter können sich in Stresssituationen noch frühere, unbewusste Überlebensmuster aufdrängen, die in der aktuellen Situation destruktiv sind. Machen sich Menschen bewusst, dass eigene prägende Erfahrungsmuster und die bei anderen unzulänglich entwickelt sein können, hilft das, respektvoller und wertschätzender miteinander umzugehen.

Für gesunde zwischenmenschliche Beziehungen ist es notwendig, Angst und einengende Gedanken aufgrund dieser Muster so gut wie möglich zu regulieren und subjektive Deutungen und Bewertungen von Verhaltensmustern des anderen zur Seite zu schieben. Sinnvoll ist es, sich auf das zu konzentrieren, was an Angenehmem da ist, und nicht auf das, was stört oder fehlt. Zu einer gesunden Beziehung gehört auch Vertrauen, es kann in den Blick genommen, wiederentdeckt und gefördert werden. Manchmal ist das vorhandene Vertrauen offensichtlich, manchmal hat es sich zurückgezogen und liegt momentan im Verborgenen.«

Es entsteht eine Pause, in der Herr F. überlegt. Dann fragt er: »Es geht also um das Vertrauen meiner Partnerin zu mir und um mein Vertrauen meiner Partnerin gegenüber und darum, sich das anzusehen?« Das wird bestätigt und darauf hingewiesen, dass es auch um das Vertrauen ins Leben und sich selbst gegenüber geht, dass Selbstvertrauen bei jedem unterschiedlich ausgeprägt, aber die Basis ist, um anderen zu vertrauen, Entscheidungen zu treffen, Beziehungen aufzubauen und zu gestalten. »Da Ihre Beziehung aktuell ins Wanken geraten ist, ist es wichtig, diese Basis wieder zu stabilisieren. So kann irgendwann auch der Verlust der Tochter Ihrer Partnerin in Ihre Lebensgeschichten integriert werden.« Herr F. überlegt und nickt.

Er wird eingeladen, sich die nächsten Minuten der Übung »Sesam öffne dich« zu widmen. Er soll sich vorstellen, wie beschützt und behütet sein Vertrauen jetzt in seiner Hand liegt und was unternommen werden kann, um es zum Erblühen zu bringen. Er wartet mit fragendem Blick und in Erwartung dessen, was kommt. Es wird die Erlaubnis eingeholt, ihm zu zeigen, wie er bisher vorgegangen ist. Herr F. willigt ein. Er soll sich gedanklich in seine Partnerin versetzen, deren Rolle er einnimmt, und sich auf die Feder als Symbol ihres Vertrauens in seiner Hand konzentrieren. Dann wird in seiner Rolle unsanft – aber ohne ihn zu verletzen – an seinen Fingern gezogen, die Hand hin und her geschoben und dann schulterzuckend aufgegeben und sich abgewendet. Er nickt kaum merklich und sagt: »Ja.« Mehr ist nicht nötig.

Danach wird er eingeladen, nach Alternativen zum bisherigen Vorgehen zu suchen. Da Herr F. noch keine Ideen hat, wird ihm nochmals ein Rollentausch vorgeschlagen. Er wird aufgefordert, die Feder in meine Hand zu legen, und ich schlüpfe in die Rolle seiner Partnerin. Nun soll er sich der Feder – dem Vertrauen seiner Partnerin – in meiner Hand zuwenden. Er wirkt hilflos, schreckt scheinbar davor zurück, die Hand zu berühren. Wir warten. Ich biete ihm an, dass es vielleicht nicht die Hand ist, in der die Lösung liegt, sondern ein anderer Weg eingeschlagen werden kann. Er lehnt sich zurück, schaut herüber und wartet unschlüssig ab, weil er nicht weiterweiß. Die Hand bleibt verschlossen. Es stellt sich ein irritierter, fast verzweifelter Ausdruck auf seinem Gesicht ein. Nach einem Moment wird die Hand langsam geöffnet. Herr F. ist verwirrt und schaut fragend. Es wird ihm zur Verfügung gestellt, dass manchmal genau das Gegenteil dessen, was wir tun möchten oder glauben, tun zu müssen, das ist, was Wirkung zeigt. Er schaut weiter ratlos, und es folgt der Hinweis: »Authentische Ratlosigkeit, Trauer, Hilflosigkeit bewirken beim Gegenüber mehr als jede gut gemeinte Handlung, die den Empfänger überfordert, unter Druck setzt oder ihm sein momentanes Leid zeigt. Wenn wir aufgrund der Mimik, Gestik, Körperhaltung, empfangener Gefühle oder Worte spüren, dass der andere Hilfe braucht, gelingt es leichter, ihm zu folgen. Wenn wir andere bedrängen, verschließen sie sich.«

Herr F. wird nochmals eingeladen, zu spüren, wie es in der Rolle seiner Partnerin ist. Er legt die Daunenfeder zurück in seine Hand und verschließt sie. Er wird gebeten, dieses Mal, da ihm bekannt ist, was passieren wird, besonders darauf zu achten, was genau er spürt, wann und wo es im Körper vielleicht schwer oder leicht wird, wo sich eventuell etwas verengt oder weitet, welche Gedanken und Gefühle aufsteigen. Herr F. hält die Feder in seiner geschlossenen Hand und wartet. Nach einem Augenblick kann er die Hilflosigkeit, Ratlosigkeit und Unfähigkeit, seine Hand ohne Gewalt zu öffnen, in meinem Gesicht ablesen. Es ist ihm deutlich anzusehen, wie er bzw. er in der Rolle seiner Partnerin etwas spürt. Die Mimik wird verstärkt und geht nun in Richtung Verzweiflung. Es dauert nicht lange und er öffnet langsam seine Hand. Er ist beeindruckt von der Wirkung des Gesichtsausdrucks auf ihn und dem wahrgenommenen Impuls, die Hand zu öffnen und mir – in seiner Rolle – zu helfen. Es sei so ein warmes Gefühl in seinen Bauch gestiegen. Er habe sich nicht unter Druck gesetzt gefühlt, seine Hand zu öffnen, sondern er habe es gern getan.

Beide Teile der Übung werden nochmals wiederholt. Es wird ihm dabei ausreichend Zeit gelassen, ins Spüren zu kommen. Herr F. kann Veränderungen wahrnehmen, besonders den Unterschied zwischen dem Bedrängtwerden und In-ein-hilfloses-Gesicht-Blicken und dadurch unwillkürlich helfen zu wollen und dann bewusst zu entscheiden, die Hand zu öffnen.

Intervention 4
Eine Sitzung später wird Herr F. eingeladen, den eingeschlagenen Weg weiterzugehen und eine andere Übung zum Perspektivwechsel, Wahrnehmen von Gefühlen, Lernen alternativer Optionen und zum Training von Mitgefühl auszuprobieren.

Auch für diese Intervention wurden verschiedene Naturmaterialien auf dem Boden verteilt. Um sie herum liegt ein Seil mit einem Durchmesser von etwa eineinhalb Metern. Herr F. wird gebeten, sich an die vergangene Stunde zu erinnern. Dieses Mal soll er nach Eigenschaften und Fähigkeiten suchen, die er an sich mag, und solchen, die er nicht mag. Unterstützt wird die Suche danach mit der Frage: »Was würde mir Ihr Freund dazu erzählen, wenn ich ihn fragen würde?« Herr F. findet einige Aspekte seiner Persönlichkeit, die ihn aktuell ausmachen, und solche, die er momentan nicht leben kann aufgrund der belastenden Beziehungssituation. Sie werden am Flipchart festgehalten. Anschließend wird unter diesen Begriffen nach Paaren gesucht, nach erwünschten und abgelehnten Eigenschaften, die sich als zwei Aspekte einer Einheit – so wie Licht und Schatten – gegenüberstehen. Er wählt zwei Paare aus und schreibt je einen Begriff auf ein DIN-A4-Blatt. Für jede Eigenschaft sucht Herr F. danach ein passendes Symbol aus den Naturmaterialien, die im Kreis liegen (Abbildung 7). Die anderen werden entfernt. Dieses Sammeln und Sortieren hat den Effekt, dass ins Wanken geratene Gefühle und Gedanken sortiert und in Balance gebracht werden.

Danach ordnet Herr F. nach Anleitung die erwünschten gegenüber den abgelehnten Eigenschaften mit den jeweiligen Naturmaterialien im Kreis an und trennt die Felder mit zwei weiteren Seilen ab. Es entsteht das in Abbildung 7 festgehaltene Bild auf dem Fußboden.

Herr F. wird nun aufgefordert, sich Zeit zu nehmen und sich zu jedem Aspekt in den Kreis zu stellen, das Utensil jeweils aufzunehmen, bewusst zu berühren – am besten mit geschlossenen Augen – und sich den zu Gewicht und Form des Gegenstands aufsteigenden Gedanken und Gefühlen in Verbindung mit der jeweiligen persönlichen Eigenschaft zu widmen. Er tritt in den Kreis und nimmt nacheinander die Materialien auf, berührt sie, schließt die Augen und hält kurz inne. Nach dieser ersten Runde teilt er mit, wie sehr ihn die Leichtigkeit von Holz und Feder

Abbildung 7: Intervention »Licht und Schatten«

beeindruckt haben und wie im Gegensatz dazu die Schwere des Steins und die Stacheln der Muschel auf ihn wirkten.

Das Thema Licht und Schatten wird noch einmal aufgegriffen sowie der Hinweis, dass alles auf der Erde zwei Seiten hat, dass diese zwei Seiten zusammengehören und dass sie ohne ihre Paarigkeit nicht denkbar sind. »Das Prinzip der Polarität lässt uns den hellen Tag erkennen, weil die Dunkelheit der Nacht bewusst ist. Und so gehören kalt und warm genauso zusammen wie Zuhören und Schweigen oder Ungeduld und Gelassenheit.« Es folgt die Bemerkung, dass es Gründe gibt, die in der jeweiligen Situation, im anderen und in einem selbst liegen, weshalb eine Fähigkeit – Schatten – abgelehnt, als belastend empfunden oder stark kritisiert wird und die andere Seite – Licht – erwünscht ist und manchmal fehlt.

Auf die Frage, ob er Ursachen dafür kenne, weshalb der Schatten das Licht aktuell verdeckt, antwortet er: »Ja, der Zustand meiner Partnerin, der Suizid von Luisa, ihre Trauer, meine Reaktionen und dass ich bisher nicht trauern konnte, verdecken, was einmal in unserer Beziehung möglich war.«

Herr F. wird eingeladen, noch einmal in den Kreis zu steigen, ein Utensil aufzunehmen und zu hören, welche Schatten-und-Licht-Botschaften Stein, Holzstück, Feder und Muschel für ihn haben. Er nimmt die Feder, überlegt und sagt: »So leicht soll es in meinem Leben wieder werden«, und es wird von mir wiederholt: »So leicht, wenn vielleicht auch auf eine andere Weise, wird es in Ihrem Leben wieder werden, wenn die Zeit dafür gekommen ist.« Mit dem Stein in der Hand sagt Herr F.: »So schwer fühlt sich momentan mein Herz an«, und die Wiederholung folgt: »Wenn die Zeit gekommen ist, wird sich Ihr Herz wieder leicht anfühlen, wenn auch vielleicht auf eine andere Weise.« Er nimmt das Holzstück in die Hand und sagt: »Ich denke gerade daran, dass Holz so leicht ist, dass es im Wasser schwimmt«, und der Satz wird von mir ergänzt: »Wenn Sie ans Meer oder ins

Schwimmbad fahren, sich aufs Wasser legen, wird alles Schwere von Ihnen abfallen. Sie werden die Leichtigkeit spüren, denn Wasser trägt auch Sie.« Herr F. lächelt bei den Worten und sagt: »Das werde ich tun.« Er nimmt zuletzt die Muschel, befühlt die spitzen Zacken und sagt versöhnlich: »Wenn sie lange genug im Wasser hin und her gespült worden wäre, wären diese Spitzen glatter, sie würden nicht so piksen. Vielleicht wird ja doch alles wieder gut«, und als Abschluss folgt: »So wie Wasser und Zeit die Spitzen der Muschel glätten, so kann sich auch Ihre Beziehung beruhigen, wenn Sie sich beide Zeit geben, Zeit für sich und Ihre Trauer.«

Als Hausaufgabe wird Herr F. gebeten, sich Zeit im Freien zu nehmen, um diese Übung für sich allein zu wiederholen. Mit fünf Bögen Papier – einem zum Sammeln der Begriffe, vier für die zwei Paare gegenteiliger Eigenschaften oder Muster seiner Partnerin – und Hilfsmitteln, die er in der Natur findet, soll er auch mit abgelehnten Aspekten der Persönlichkeit seiner Partnerin versöhnlich umgehen.

Nach zwei weiteren Sitzungen entscheidet sich der Klient, an der Trauergruppe, die zwei Wochen später startet, teilzunehmen. Seine Partnerin hatte zugestimmt, den Hausarzt aufzusuchen, und wurde an einen Facharzt überwiesen.

2.4 Begleiten bis zum Ende und dann der Nächste – Teil B

Input: Fehlende Selbstwahrnehmung, fehlendes Selbstmitgefühl, destruktive Sichtweise und Überzeugung, verzögerte Trauer
Intervention 5: Tierisches Vorbild, outdoor
Hilfsmittel: Sitzkissen
Wirkung: Selbstregulation und Selbstmitgefühl fördern

Input
Aufgrund der Ausbildung und Arbeit als Sterbebegleiterin sowie eigener Erfahrungen und Kenntnissen zu Tod, Sterben und

Trauer werden mit Frau K. die Themen nur kurz angerissen, der Sinn von Trauer aber noch einmal ausführlich besprochen. Ihr wird bewusst, wie sie sich durch ihre starre Überzeugung, ohne Psychohygiene klarzukommen, und fehlende Wahrnehmung somatischer Marker langsam überfordert hat. Auch erkennt sie, dass die Ausbildung zur Sterbebegleiterin als Ersatz für die eigene Verlustbewältigung ihre Trauer verzögert hat, sodass sie sich dieser jetzt erst stellen kann.

Intervention 5
In der fünften Sitzung wird Frau K. vorgeschlagen, sich »tierische Unterstützung« bei den Fragen zu holen: »Weshalb ist mein Mitgefühl für Sterbende gesunken? Wie soll es weitergehen? Was kann ich tun?« Es wird ihr dafür vorgeschlagen, sich zum nächsten Termin im Vogelpark zu treffen. Die zu erwartende fragende Mimik wird genutzt, der Supervisandin den Sinn und Nutzen einer solchen Outdoorsitzung vorzustellen: Die Natur kann durch das Wahrnehmen mit allen Sinnen von Formen, Farben, Geräuschen und Düften – im Vogelpark zusätzlich durch Verhaltensweisen der Tiere – Vorbild sein, Ideen anregen, Ressourcen aufdecken und dazu beitragen, sich wohl und lebendig zu fühlen. Diese Fülle an Erfahrungen kann gerade im Trauerprozess besonders hilfreich sein.

Für die Intervention sollte ein Termin gefunden werden, der es ermöglicht, sich in Ruhe auf die Aufgabe zu konzentrieren, wenn der Besucherandrang beispielsweise begrenzt ist wie frühmorgens an Wochentagen. Außerdem ist es sinnvoll, sich Grundwissen zum Wesen bestimmter Tierarten anzueignen.

Im Vogelpark wird in diesem Fall direkt vor dem Käfig der Graupapageien Platz genommen. In anderen Begleitprozessen kann es sinnvoll sein, die Klientinnen und Klienten selbst entscheiden zu lassen, vor welchem Gehege die Übung stattfinden soll.

Frau K. wird eingeladen, einige Minuten die Tiere in ihrem Verhalten in Ruhe auf sich wirken zu lassen. Von den sechs Vögeln scharrt einer auf dem Erdboden. Es hat den Anschein, als ob er für den Vogel, der auf einem Ast in der Nähe sitzt, ein Nest vorbereitet. Dieser fliegt immer wieder herunter, um das Fortschreiten der Arbeit zu begutachten. Die Supervisandin ist beeindruckt, ein Lächeln liegt auf ihrem Gesicht.

Dann wird sie gefragt, ob sie das Wesen dieser Vögel kenne. Da sie verneint, wird ihr der Vogel vorgestellt: »Graupapageien sind sehr sensibel, eigenwillig und dickköpfig, aber sehr gesellig. Sie leben in größeren Verbänden, da sie allein vereinsamen und krank werden. Unter dem Tod von Partnern oder menschlichen Bezugspersonen leiden sie sehr. Sie besitzen die Fähigkeit, Stimmungen von Menschen einzuschätzen.« Mit diesen Informationen wird Frau K. einen Augenblick allein gelassen. Dann wird sie gefragt: »Was könnten diese Tiere mit Ihnen und Ihrer Situation zu tun haben?«, und sie antwortet sofort: »Oh ja, sehr viel.« Sie sieht einige Parallelen, unter anderem fühle sie sich nach dem Tod der Mutter sehr allein. Sie habe zwar als Verkäuferin Kontakt zu Kolleginnen und Kunden, aber privat habe sie keine Freunde. Andere Verwandte seien weit weg. Aus diesem Grund habe sie sich sehr auf die Arbeit im Hospiz gefreut. Sie merke aber, dass es so nicht weitergehen könne. Auf die Verhaltensweisen der Graupapageien angesprochen, bestätigt sie: »Ja, da sehe ich auch Parallelen. Ich war wohl auch sehr dickköpfig, als ich dachte, ich könnte das alles so wegstecken und allein klarkommen.« Nach einer Pause sagt sie leise: »Ich hätte mir auch gewünscht, jemand hätte für mich einmal ein Nest gebaut.« Hier wird zusätzlich der Verlust eines Lebenstraums sichtbar, der wahrscheinlich nicht bewusst betrauert und verabschiedet wurde. Dieses Thema wird in einer späteren Sitzung aufgegriffen.

Vor dem Gehege sitzend wird Frau K. nach Lösungen befragt. Ihr fällt nach einer Weile ein: »Ich könnte regelmäßig im Verein in die Beratung gehen und vorschlagen, eine Gruppe zu gründen, in der wir über die Verstorbenen sprechen können, um mit der Trauer nicht allein zu sein.«

Es wird noch auf weitere aktuell sichtbare Verhaltensweisen der Papageien eingegangen, und diese werden als Vorbild für eine Lösung genommen. So gelingt es Frau K. in kurzer Zeit erstaunlich gut, eigene destruktive Muster zu entlarven und Ressourcen für sich zu entdecken. In den kommenden Sitzungen werden diese Ideen adaptiert, um sie in den Alltag zu übertragen.

Noch effektiver kann diese Übung im Tierpark oder Zoo wirken, da Säugetiere eine noch intensivere Wirkung auf uns Menschen haben können. Es sind allerdings Aufwand und Nutzen für einen Besuch abzuwägen. Möglich ist es auch, im Wald auf Begegnungen mit Tieren zu warten, um tierische Vorbildlösungen zu finden.

2.5 Stefanie hat sich nicht das Leben genommen – Teil B

Input: Abwehr- bzw. Bewältigungsmechanismen im Trauerprozess, Verleugnung
Intervention 6: Die andere Seite, indoor
Hilfsmittel: Baumblätter
Wirkung: Annehmen, was ist; Abwehr überwinden; Mitgefühl entwickeln

Input
In der Trauergruppe findet nach der heftigen Reaktion der Teilnehmerin aufgrund ihrer Irritation eine Informationseinheit statt. Es werden die verschiedenen emotionalen und kognitiven Zustände – mögliche Gefühle und Gedanken, aber auch abwehrende Verhaltensmuster – in Phasen des Trauerprozesses beleuchtet. Es wird darauf hingewiesen, dass besonders am Anfang die Facetten der Trauer in kurzer Abfolge durchlebt werden können. Auch später können Abschnitte übersprungen

und es kann wiederholt zu Phasen zurückgekehrt werden. Es wird deutlich gemacht, dass jeder individuelle Bewältigungsmuster hat, um mit dem Verlust zu überleben; die Wirklichkeit zu begreifen; dem Wunsch, verbunden zu bleiben, nachzukommen; das Chaos an Gefühlen zu regulieren; sich an die Veränderung anzupassen und letztendlich das Erlebte akzeptieren zu lernen. Explizit werden Denk-, Fühl- und Verhaltensmuster herausgegriffen, die Thema in der Gruppe waren, wie Schuldgedanken, Nachsterbewunsch sowie der Mechanismus der Verleugnung.

Intervention 6
Im darauffolgenden Termin werden die Teilnehmenden der Gruppe eingeladen, sich noch einmal dem Thema »individuelle Reaktionen im Trauerprozess« zuzuwenden. Die Gruppenmitglieder werden aufgefordert, eines der in der Mitte des Stuhlkreises ausgelegten Blätter auszuwählen und dieses genau zu betrachten. Sie sollen ihr Blatt mit allen Sinnen wahrnehmen, es von beiden Seiten betrachten, es befühlen und daran riechen.

Danach werden ihnen am Flipchart folgende Fragen und Hinweise zur Verfügung gestellt: »Was fällt Ihnen auf, wenn Sie alle Blätter miteinander vergleichen? Welche Seite Ihres Blattes würden Sie als Vorder- und welche als Rückseite ansehen? Welche Unterschiede stellen Sie fest? Was kann es damit auf sich haben, wenn Sie diese Erkenntnisse auf sich selbst als Trauernde übertragen?« Es wird den Teilnehmenden ausreichend Zeit gegeben, nochmals ihr eigenes Blatt, aber auch die der anderen zu betrachten und wahrzunehmen. Danach kommen Antworten wie: »Jedes Blatt ist in Form, Größe und Beschaffenheit verschieden«, »Die Vorderseite sieht schöner aus als die Rückseite«, »Wir haben eine vorzeigbare und eine verborgene Seite an uns«.

Die Teilnehmenden werden dann aufgefordert, in Zweiergruppen zu erarbeiten und auf Moderationskarten zusammenzutragen, welche »vorzeigbaren« und welche »verborgenen« Facetten sie in ihrer Trauer bei sich und dem Gegenüber finden.

An der Stellwand sollen die gefundenen Aspekte auf den Karten den beiden Kategorien »vorzeigbar« und »verborgen« zugeordnet werden. Unter »vorzeigbar« finden sich Begriffe wie »mich zusammenreißen«, »nicht weinen«, »in Trauer sein«, »reden wollen«, aber auch »weinen«. Auf der gegenüberliegenden Seite stehen unter anderem Worte wie »nicht begreifen können«, »verleugnen«, »verzweifelt«, »stur«, »aggressiv«, »wütend« und »weinen«.

Dieser letzte Begriff auf beiden Seiten wird herausgegriffen und gefragt: »Wie kommt es, dass ›weinen‹ auf beiden Seiten steht? Wer legt fest, ob ›weinen‹ vorzeigbar ist oder versteckt werden sollte?« Eine Teilnehmerin meint: »Ich selbst erlaube es mir oder denke, ich muss es verbergen.« Die Trauernden werden angeregt, gemeinsam zu überlegen, was das bedeuten könnte.

Die Quintessenz dieser Aktion ist, dass die Teilnehmenden erkennen, dass Menschen es vorziehen, ihre »Vorderseite« zu zeigen, und glauben, dass ihre »Rückseite« von anderen abgelehnt wird; dass sie ihre Rückseite aber auch selbst ablehnen; dass die Rückseite immer da ist, auch wenn sie auf die Vorderseite schauen; dass es sinnvoll ist, auch die Rückseite zu akzeptieren und zu respektieren. Sie können die Antwort von Herrn B. jetzt einordnen als Bewältigungsversuch in seiner Trauer, den Verlust oder zumindest die Art des Verlustes ungeschehen zu machen. Er selbst betont, dass ihm klar ist, was Stefanie getan hat und dass sie gestorben ist.

Die Gruppenmitglieder gehen nach dieser Übung respektvoller und wertschätzender miteinander um. Mitgefühl für Herrn B. wird sichtbar, als sich die Teilnehmerin für ihre spontane, unüberlegte Reaktion entschuldigt.

2.6 Ich halte das nicht mehr aus – Teil B

Input: Bedürfnisse, kognitive Fokussierung, Trauer durch Mehrfachverluste, Dankbarkeit
Intervention 7: Ressourcen wecken, outdoor
Hilfsmittel: Naturmaterialien
Wirkung: Zulassen von Trauer, Selbstregulation, Perspektivwechsel, Selbstmitgefühl und Mitgefühl fördern

Input
In der coronabedingt angesetzten Videokonferenz werden die Teilnehmenden informiert, dass Menschen – wie aktuell pandemiebedingt – unter Mehrfachverlusten extrem leiden können. Je nach individueller Betroffenheit und Bedürfnislage haben Menschen nicht nur andere Menschen verloren oder leiden sehen, sondern sind von weiteren Verlusten betroffen, wie sie Frau N. geschildert hat. Dabei können besonders Einschränkungen durch fehlende soziale Kontakte und anhaltende Begrenzungen zu großem Verlustempfinden führen. Die psychischen Grundstrebungen Nähe und Distanz sowie Dauer und Wechsel sind im Menschen fest verankert und es wollen aufgrund der Polarität auch beide Seiten – mal mehr, mal weniger – befriedigt werden. Fehlt ein Aspekt längere Zeit – aktuell Nähe und Wechsel –, leidet der Mensch. Neben Trauer und Einsamkeit kann es dabei auch zu Aggressivität und körperlichen Beschwerden kommen.

Es wird darauf hingewiesen, dass nicht nur Frau N. von multidimensionaler Trauer betroffen ist. Denn jeder Verlust, jeder Abschied, auch wenn er nur vorübergehend sein mag, löst unwillkürlich Trauer aus. Es wird David Kessler (2020) erwähnt, ein amerikanischer Experte für Trauerbearbeitung und Traumatherapie, der von kollektiver Angst vor Kontrollverlust und vorweggenommener Trauer in der Pandemie spricht. Er meint, die Zukunft sei ungewiss und Menschen fühlten sich momentan wie jemand, der eine schwerwiegende Diagnose erhalten hat und nicht weiß, wie es ausgehen wird.

Alle Teilnehmenden sind sehr interessiert und stellen fest, dass das Wiederfinden von Selbstwirksamkeit ein wertvoller Aspekt für die psychische Stabilität in Trauerkrisen ist. So können gemeinsam konstruktive Lösungen der Anregung und Unterstützung von Frau N. gefunden werden. Für die Supervision vier Wochen später wird ein Treffen im Freien vereinbart.

Intervention 7
Im Outdoortermin am Strand – auch ein Treffen im Wald ist mit dieser Intervention möglich – kann ausreichend Abstand zueinander gehalten werden. Alle stehen im Kreis und es wird auf das Ziel der folgenden Übung hingewiesen, Einschränkungen, Belastungen, fehlende Bedürfnisbefriedigung und vor allem Ressourcen wahrzunehmen, bestehende Fokussierungen zu verändern, das Hier und Jetzt anzuerkennen und Dankbarkeit für das, was ist, zu entwickeln.

Die Anwesenden werden eingeladen, sich innerhalb von zehn Minuten am Strand und im angrenzenden Wald umzusehen und verschiedene Naturmaterialien zu sammeln. Sie sollen nach Symbolen für Bedürfnisse, deren Befriedigung momentan eingeschränkt ist, für Verluste oder Belastungen, die sie erlebt oder aktuell erfahren haben, und für ihre Ressourcen, die sie in sich tragen oder auf die sie zurückgreifen können, suchen. Dabei gilt es, darauf zu achten, dass Verluste und Ressourcen wie zwei Seiten einer Medaille zu sehen sind. Deshalb sollen bei der Suche Paare gefunden werden, wie etwas Schweres und etwas Leichtes, etwas Dunkles und etwas Helles oder etwas Hartes und etwas Weiches.

Die Teilnehmenden entfernen sich und legen später, wieder im Kreis stehend, ihre Funde paarweise vor sich hin. Sie werden im ersten Teil der Übung nacheinander aufgefordert, ihre Gegensatzpaare vorzustellen. Die Gruppenmitglieder zeigen, was sie momentan an Verlusten erleben, und gleichzeitig, was sie an Ressourcen gefunden haben (siehe Abbildung 8). Auch Frau N. nimmt immer zwei Dinge in die Hand und erzählt unter anderem: »Ich habe diesen Ast gefunden, der ist gerade und lang und verdeutlicht mir, wie lange ich schon dem Verlust von Nähe und Kontakten ausgesetzt bin. Und ich habe diesen Stein gefunden, er ist rund und auf einer Seite flach, für mich ein Symbol für einen gefüllten Teller. Er stellt die Ressource dar, dass ich gern koche und gern esse, aktuell aber eben allein.«

Durch letztere Bemerkung schränkt Frau N., wie andere Gruppenmitglieder vor ihr auch, ihre Ressourcen ein. Deshalb folgt der zweite Schritt und die Mitglieder werden gebeten, das Material vor ihren Füßen jetzt zu trennen. Links von sich sollen die Belastungen oder belastenden Verlusterfahrungen, rechts die Ressourcen abgelegt werden. Dann werden sie angeregt, sich zuerst auf die Dinge links zu fokussieren, die belasten. Sie sollen sich die Bedeutung der Funde jeweils bewusst machen und ihre Gedanken und Gefühle dazu wahrnehmen. Nach einer Pause werden sie gebeten, sich den Naturmaterialien auf der rechten Seite zuzuwenden. Auch hier sollen sie noch einmal überlegen,

Abbildung 8: Intervention »Ressourcen wecken«

welches Detail als Symbol für welche Ressource dient, und sich ohne Einschränkung nur auf diesen hilfreichen Aspekt konzentrieren. Die Teilnehmenden sollen bewusst spüren, welche Gedanken und Emotionen – ohne ins Negative abzuschweifen – aufsteigen. Diese Fokussierung auf links und anschließend auf rechts wird noch zweimal durchgeführt.

Nach der letzten Runde folgt die Frage: »Welche Erfahrungen haben Sie gemacht und welche Schlussfolgerungen ziehen Sie daraus?« Die Anwesenden, auch Frau N., erkennen, wie Gedanken Emotionen beeinflussen und dass es nützlich ist, sich uneingeschränkt auf seine Ressourcen zu konzentrieren.

Es wird dann auf das Thema »Trauer« eingegangen und darauf hingewiesen, dass dies ein sinnvoller Gefühlszustand ist. Deshalb werden die Teilnehmenden im dritten Schritt angeregt, sich nochmals den Materialien auf der linken Seite zuzuwenden und sich dieses Mal bewusst in das Gefühl der Trauer zu begeben. Sie sollen wahrnehmen, wie schmerzlich es ist, mit diesen Belastungen und Verlusten momentan leben zu müssen. Bei der Hinwendung zur rechten Seite werden sie angeleitet, sich in Dankbarkeit zu üben für das, was sie an Fähigkeiten, an Eigenschaften, an digitalen Kontakten und anderen Ressourcen haben. Sie sollen diese Details würdigen, versuchen, Stolz zu entwickeln und Dankbarkeit zu spüren. Auch diese gefühlsmäßig gegenteilige Hinwendung nach links und rechts wird noch zweimal wiederholt.

Als Abschluss werden die Gruppenmitglieder eingeladen, sich für die Naturmaterialien zu entscheiden, die ihnen als Ressource besonders wichtig erscheinen; die, die sie eventuell aus den Augen verloren hatten. In den kommenden Tagen und Wochen bzw. in schwierigen Situationen können sie diese hervorholen und sich auf deren Bedeutung besinnen, ihren Gedanken und Gefühlen dazu nachspüren und Dankbarkeit dafür entwickeln.

Den Teilnehmenden, auch denen, die kein komplexes Verlustempfinden wie Frau N. spüren, ist deutlich anzumerken, wie viel mehr an Mitgefühl sie ihrer Kollegin entgegenbringen können. Gleichzeitig haben alle davon profitiert, sich in schwierigen Momenten ihrer Ressourcen bewusst zu werden.

2.7 Ich bin schuld – Teil B

Input: symbiotische Beziehung, empathischer Stress, Mitleid, Schuldgedanken
Intervention 8: Die Drehscheibe meines Lebens, indoor
Hilfsmittel: Geschichte erzählen
Intervention 9: Mein Raum, indoor
Hilfsmittel: Ein ca. 5 Meter langes Seil
Wirkung: Wahrnehmung der eigenen Grenze, gesunde Beziehungen fördern, Förderung von Selbstmitgefühl, Trauer ermöglichen

Input
Trauernden Menschen leicht verständliches Wissen zur Verfügung zu stellen, kann hilfreich sein, um es ihnen zu ermöglichen, Ursachen für die Entwicklung behindernder Muster zu erkennen und Alternativen zu finden. Frau S. ist zwar müde und erschöpft, verfügt aber über Ressourcen, die sie stabilisieren. So kann frühzeitig auf Informationen verwiesen werden, die ihr helfen, eine neue Sichtweise zur Beziehung zu ihrem Vater, zum Verlust und zu ihrer Trauer zu entwickeln. Sie wird über verdrängte Trauer informiert, die im Trauerprozess eine notwendige Maßnahme sein kann, um mit einem Verlust umgehen zu können. Es wird aber auch darauf hingewiesen, dass sie langfristig zu Überforderung führt, da der vermiedene Schmerz nicht zu verhindern ist. Auch über den Sinn von Trauer wird gesprochen, dass sie hilft, schrittweise zu realisieren und langfristig zu akzeptieren, dass ein Verlust nicht rückgängig gemacht werden kann.

Frau S. wird die Hypothese zur Verfügung gestellt, dass es aufgrund früher Beziehungserfahrungen mit der psychisch kranken Mutter zur Hinwendung zum Vater kam. Höchstwahrscheinlich war die Mutter nicht in der Lage, eine Beziehung zu ihrem Kind aufzubauen. Die Erfahrungen und Verhaltensweisen des Vaters wiederum ermöglichten die Entwicklung einer symbiotischen Beziehung, in denen es Kindern aufgrund der Identifikation und Abhängigkeit schwerfällt, Selbstständigkeit, eine stabile eigene Identität, aber auch angemessenes Mitgefühl auszubilden. Es kann vielmehr zu Mitleid und destruktiven Denkzusammenhängen kommen – wie Schuldgedanken in Bezug auf die Beziehung. Der Hinweis, dass Schuldvorwürfe mitunter als Platzhalter für Gefühle und Gedanken dienen, denen sich Trauernde noch nicht stellen können, entlastet Frau S. sehr. Sie gab sich bisher nicht nur die Schuld am Tod des Vaters, sondern auch daran, keine Beziehung zu ihrer Mutter gefunden zu haben.

Intervention 8
Erzählungen ermöglichen es Trauernden, durch den Vergleich ihrer Situation mit einer leicht vorstellbaren anderen – auch fiktiven – und mit inneren Bildern dazu eine neue Sichtweise entstehen zu lassen. Im Fall von Frau S. soll die Geschichte anregen, sich Schritt für Schritt abzugrenzen und von Mitleid und Schuldgedanken zu lösen.

Frau S. wird erzählt: »Wir Menschen werden, wenn wir auf die Welt kommen, auf eine Art Drehscheibe gelegt, diese hat sich mit ihren Zahnrädern mit den Drehscheiben von Mutter und Vater verbunden. Diese drei (bei Alleinerziehenden zwei) Scheiben drehen sich von da an zusammen. Um sie herum befinden sich viele andere Drehscheiben. Sie alle drehen sich langsam um ihre eigene Achse. Manche drehen sich allein, andere sind mit Drehscheiben verbunden. Es sind unendlich viele, so unendlich wie das Universum.

Auf den angedockten Drehscheiben wachsen die Kinder heran, und im Verlauf der Zeit ihrer Prägung durch Vater und Mutter kann es zu kleinen Unfällen kommen. Die eigene Drehscheibe verhakt sich vielleicht mit einer anderen Scheibe zu sehr, und die andere Scheibe findet mit ihren Zahnrädern vielleicht keinen guten Kontakt zur Kinder-Drehscheibe. So scheint es bei Ihnen, Ihrem Vater und Ihrer Mutter gewesen zu sein.

Mit dem Heranwachsen – wenn alles glattläuft – lösen wir uns ein Stück weit von den Drehscheiben der Eltern. Wir treffen andere Menschen auf anderen Drehscheiben, wie andere Kinder und Freunde in Kindergarten und Schule, Eltern anderer Kinder, aber auch Lehrerinnen und Lehrer, Ausbilder und Ausbilderinnen. Das bedeutet, unsere Drehscheibe verbindet sich immer wieder mit der anderer Menschen und deren unterschiedlichen Erfahrungen, von denen wir lernen können. Und von Zeit zu Zeit lösen wir uns auch wieder von Drehscheiben. Wir werden älter, gehen andere Wege und bewegen uns in andere Richtungen. Das Wichtige dabei ist, dass jeder auf seiner Drehscheibe eine eigene Persönlichkeit mit ganz individuellen Erfahrungen wird, sich durch jedes Andocken weiterentwickelt und sich nicht mit einer anderen Drehscheibe zu sehr verhakt, da er sich dann nicht mehr frei entfalten kann.

Unfälle, wie der beschriebene, führen dazu, dass Drehscheiben aneinander hängen bleiben, sich nicht voneinander lösen können. Dann passiert es, dass vieles von der einen – in der Regel von der älteren – auf die andere – die jüngere – Scheibe fließt. Das kann hilfreich sein, das kann aber auch überfordern, sodass die eigene Drehscheibe überschwer wird. Wenn zwei Drehscheiben verhakt sind, überflutet das Leid der einen Scheibe auch die andere, so als wäre es ein und dieselbe. Diese Menschen übernehmen des Leid des anderen und tragen es auf ihren Schultern.

Die Nähe bringt es mit sich, dass die jüngere Drehscheibe eine Menge Ballast mit sich trägt, der es erschwert, sich leicht und frei zu drehen und zu fühlen. So ist es manchmal erforderlich, wenn es der älteren Drehscheibe nicht gelingt, sich von der jüngeren Scheibe zu entfernen, dass sich die jüngere von der älteren Drehscheibe bewusst etwas lösen muss. Das heißt nicht, dass der Mensch auf der anderen Scheibe nicht mehr wichtig ist oder verloren geht, sondern dass sich jetzt endlich beide trennen können, um gleichzeitig daran zu wachsen. Sie drehen sich jetzt zwar getrennt voneinander, bleiben innerlich aber verbunden. Doch durch diese Abgrenzung und die entstehende Distanz kann jeder für sich seine eigene Person stärken und jeder hat alle Kraft für sich selbst zur Verfügung. So können ein Überfließen der eigenen Scheibe mit dem Leid des anderen und Mitleiden verhindert werden. Aus der Entfernung kann Stück für Stück das Mitgefühl für den geliebten Menschen auf der gelösten Scheibe entwickelt werden, das eine junge Tochter für einen alten Vater haben kann, ein Maß an Mitgefühl, das beiden guttut.

Und indem Sie sich immer wieder auf sich und Ihre eigene Drehscheibe besinnen und die Distanz zur Drehscheibe Ihres Vaters wahrnehmen, spüren Sie Mitgefühl auch für sich selbst. Sie bemerken, wie Sie dadurch wachsen. Die Trennung Ihres Ichs vom Vater hat Sie stark gemacht, sodass Sie in der Lage sind, auch die Trauer um ihn wahrzunehmen, ohne daran zu zerbrechen. Denn Ihre Drehscheibe dreht sich leicht und frei, und Sie können liebevoll wahrnehmen, wie sich auch die Drehscheibe Ihres Vaters nun leicht und frei – wenn auch in einiger Entfernung – drehen kann.«

Frau S. ist ganz ruhig geworden, und am Ende der Geschichte ist ein Lächeln auf ihrem Gesicht und sie sagt: »Das ist ein schönes Bild. Es fühlt sich sehr gut an.«

In der letzten Stunde der Trauerbegleitung berichtet Frau S., dass es ihr durch die Geschichte auch gelungen sei, einen anderen Blick auf ihre Kolleginnen zu richten, die mit ihrem besorgten Nachfragen damals nur versucht hatten, sich ihr mitfühlend zu zuwenden.

Intervention 9
Um die Wahrnehmung und das Gefühl für den eigenen Körper, den eigenen Raum zu vertiefen und das Selbstmitgefühl zu fördern, wird Frau S. in einer späteren Sitzung die Übung »Mein Raum« vorgeschlagen. Sie regt Stabilisierung an und fördert Abgrenzung. Besonders um Überforderungssituationen – wie sie durch empathische Überreaktion oder fehlende Wahrnehmung somatischer Marker entstehen können – abzuwenden, kann diese Methode hilfreich sein.

Frau S. wird angeleitet, sich mit beiden Füßen fest auf dem Boden frei im Raum aufzustellen und einmal in sich hineinzuspüren, wie sie sich fühlt. Dann wird sie gebeten, ihre Arme auszustrecken und sich ohne Veränderung ihres Standes leicht nach links und rechts zu drehen. So kann sie ihren Raum um sich herum definieren. Nähe und Distanz sind wichtige individuelle psychische Grundstrebungen menschlichen Daseins, die je nach Situation in ihrem Ausmaß variieren können. »Vielleicht haben Sie es schon erlebt, wie bedrängend es sich anfühlen kann, wenn ein fremder Mensch in diesen Raum eindringt und Ihnen zu nahe kommt? In der Regel versuchen wir, ihm auszuweichen, um uns zu schützen. Diese Abgrenzung sollen Sie jetzt üben.« Frau S. wird gebeten, das Seil aufzunehmen und in einem angenehmen Abstand um sich herumzulegen und den Kreis zu schließen. Dann soll sie sich einmal ganz langsam um ihre eigene Achse drehen und spüren, wie es sich in ihrem Raum anfühlt, ob die Größe stimmt, ob etwas verändert werden muss. Frau S. legt das Seil noch etwas enger um sich herum und begutachtet ihr Werk. Sie bewegt sich in ihrem Raum und sagt: »Das fühlt sich jetzt gut an, besonders am Bauch und im Rücken.«

Abbildung 9: Intervention »Mein Raum«

Frau S. wird aufgefordert, dieses Gefühl noch intensiver wirken zu lassen, immer wieder ihre Position zu verändern, sich auch einmal hinzusetzen und Unterschiede wahrzunehmen. Frau S. spielt mit dem Spüren in ihren Körper. Sie setzt sich, spürt, steht auf, spürt, dreht sich und spürt.

Im weiteren Verlauf wird Frau S. gebeten, ihren Raum zu öffnen und sich vorzustellen, wie sie so Kontakt zu anderen aufnehmen kann, ohne von deren Worten, Gefühlen oder Leid überflutet und überfordert zu werden. Sie bleibt abgegrenzt und ist dennoch offen für andere. Auch dieser veränderten Situation soll die Klientin nachspüren, den Spalt vergrößern und wieder schließen (siehe Abbildung 9).

Frau S. ist sehr zufrieden mit sich und ihrer Wahrnehmung. Sie erhält den Auftrag, mit einem langen Wollfaden zu Hause täglich einmal diese Übung durchzuführen.

Nach diesen beiden Interventionen ist es möglich, sich mit Frau S. der weiteren Trauerbegleitung zuzuwenden.

2.8 Ich habe so mit ihr gelitten – Teil B

Input: psychische Erkrankung im Sinn einer posttraumatischen Belastungsstörung, erschwerte Trauer, Selbstwahrnehmung, Abgrenzung
Intervention 10: Mutter Erde, outdoor
Hilfsmittel: Decke
Intervention 11: Abschied, outdoor
Hilfsmittel: Decke, Seil, Schreibunterlage, Stift, zwei DIN-A4-Blätter, Feuerzeug
Wirkung: Selbstwahrnehmung und Selbstmitgefühl fördern, Abgrenzung, Abschied

Input
Mit Frau W., die sich entschied, parallel zur Psychotherapie für ihren Alltag und ihren Beruf mehr Selbstfürsorge zu lernen, werden die Zusammenhänge zwischen fehlender Selbstwahrnehmung, Abgrenzung, Mitleid, empathischem Stress, destruktiven Überzeugungen und Überforderung erörtert. Obwohl sie selbst in der Beratung tätig ist, hat sie sich, ihre Bedürfnisse und Möglichkeiten in den letzten Jahren nicht ausreichend beachtet. Sie erkennt, wie sich aus fehlender Prüfung der eigenen Ressourcen Überforderung entwickeln konnte, die auch die psychische Erkrankung begünstigt hat. Auch stellt sie fest, dass es ihr aufgrund dieser Überlastung nicht möglich war, aktiv zu trauern.

Intervention 10
Es wird gemeinsam mit Frau W. entschieden, eine Übung am Strand zu absolvieren, die in zwei späteren Treffen nochmals wiederholt wird. Vor Ort wird sie gebeten, die mitgebrachte Decke an einer Stelle auszubreiten, die ihr zusagt. Dann soll die Klientin darauf Platz nehmen.

Im Sitzen wird sie angeleitet, ganz besonders achtsam mit ihren Sinnen wahrzunehmen, was sie hört, was sie sieht, was sie riecht und vielleicht auf ihren Lippen schmeckt, aber auch was sie in ihrem Körper spürt und was sie fühlt. In der ersten Sitzung wird ihr mit achtsam gewählten Worten zur Verfügung gestellt: »Öffnen Sie nun ganz weit Ihre Ohren und hören Sie, wie das Meer rauscht, wie die Wellen auf den Strand schlagen, wie die Möwen sich in der Luft jagen und kreischen.« Nach einer Pause wird sie eingeladen: »Öffnen Sie nun Ihre Augen ganz weit und schauen Sie, wie blau der Himmel ist, wie sich die weißen und grauen Wolken am Himmel langsam in Richtung Osten bewegen, sehen Sie das Meer und wie die Wellen, eine nach der anderen, in Richtung Strand getragen werden. Nehmen Sie mit Ihren Augen aber auch wahr, wie nass und fest der Sand an der Wasserkante ist und wie leicht und locker die Sandkörner weiter oben am Strand aufeinanderliegen. Greifen Sie mit Ihren Händen in den Sand. Lassen Sie ihn zwischen Ihren Fingern herunterrieseln. Graben Sie Ihre Füße in den Sand und spüren Sie die Kühle, die unter der erwärmten Oberfläche wahrzunehmen ist. Was nehmen Sie noch wahr? Spüren Sie, wie Sie auf Ihrer Decke sitzen, wie Ihr Körper vom Boden getragen wird? Beobachten Sie Ihre Atmung und spüren Sie, wie Ihr Herz schlägt. Nehmen Sie dies alles nur wahr. Versuchen Sie es nicht zu verändern. Wenn Gedanken aufsteigen, lassen Sie sie ziehen, wie die Wolken, die Sie am Himmel sehen. Merken Sie, wie ruhig Sie werden? Nehmen Sie all dies noch einen Augenblick bewusst wahr.«

Beim zweiten und dritten Mal beschreibt Frau W. selbst, was sie wahrnimmt, und berichtet ganz langsam, was sie alles hört, sieht, riecht, schmeckt, spürt und fühlt.

Anschließend wird sie eingeladen, sich auf der Decke auszustrecken und sich bequem hinzulegen, den Sand unter sich mit dem Körper so lange hin und her zu schieben, bis sie sich wohlfühlt. Danach kann sie die Augen schließen und die Arme locker an der Seite ablegen. Frau W. wird angeregt, zu spüren, wie die

Erde sie trägt, wie sie bei jedem Atemzug noch ein kleines bisschen tiefer in den Sand einsinkt. Sie soll danach die Arme vom Körper wegbewegen und sie im rechten Winkel ablegen und so verharren. Frau W. wird dann eingeladen, ihre Hände wieder in den Sand zu graben und sich so intensiv mit der Erde zu verbinden. »Welche schönen Bilder, welche angenehmen Farben und Gedanken steigen in Ihnen auf, wenn Sie an die Erde denken, wie Sie sie trägt, wie sie Ihnen Halt gibt, wie sie Sie stützt?« Nach einer weiteren Pause wird die Klientin gebeten, nun die Arme nach oben zu führen, so weit, dass sich beide Hände berühren. Ihr wird vorgeschlagen, dass sie sich nun intensiv strecken, aber auch ganz ruhig ausgestreckt liegen bleiben kann. Sie soll diese letzten Minuten der Übung noch einmal intensiv wahrnehmen, ihre innere Ruhe und ihr Mitgefühl für sich und die Erde unter sich spüren.

Danach wird Frau W. mit lauterer, sachlicher Stimme aufgefordert, die Augen zu öffnen und wahrzunehmen, was sie über sich sieht, sich dann zu sammeln und ganz langsam in die Sitzposition zurückzukommen.

Im Anschluss werden in dieser Haltung mit ihr die gemachten Erfahrungen besprochen, und sie wird auf den Begriff »Mutter Erde« aufmerksam gemacht. Dazu soll sie alle Assoziationen aufzählen, die ihr einfallen.

Nach dem zweiten und dritten Termin gelingt es Frau W. deutlich leichter, sich auf die Intervention einzulassen, sich selbst und ihre Umgebung wahrzunehmen, sich zu entspannen und Fantasien zu »Mutter Erde« zu entwickeln. Ihr wird vorgeschlagen, diese Intervention so oft wie möglich auch allein zu üben, um ihr Selbstmitgefühl weiter zu stärken.

Diese Übung kann – leicht abgewandelt – auch an anderen Orten, wie auf einer Wiese, absolviert werden.

Intervention 11
Für die letzte Sitzung wünscht Frau W. sich noch eine Intervention in der Natur, ein Ritual zum Abgrenzen und Abschiednehmen von der Mutter. Dazu fahren wir an einem fast windstillen Tag an einen See. Auf der ausgebreiteten Decke wird ihr im Sitzen Zeit gegeben, anzukommen und nachzuspüren, welche Gedanken und Gefühle sie momentan begleiten. Dies wird mit den Worten angeregt: »Nehmen Sie sich Zeit, das, was Sie mit Ihrer Mutter verbunden hat und heute noch verbindet, zu würdigen, den Tod als Teil Ihres Lebens zu akzeptieren und sich langsam darauf einzustellen, sich mit diesem Ritual von dem, was war, zu lösen. Dabei werden das Erlebte und die Erfahrungen mit Gedanken und Gefühlen ihr gegenüber in Ihrem Inneren nicht verloren gehen.«

Dann wird sie aufgefordert, auf das erste Blatt Papier zu schreiben, was sie ihrer Mutter zum Abschied mit auf den Weg geben möchte. Frau W. wird angeleitet, aus dem zweiten DIN-A4-Blatt in acht Schritten ein Schiff zu basteln.

Es wird ihr nochmals Raum gelassen, sich zu sammeln, bevor sie nach Anleitung das beschriebene Blatt in zwei Stücke reißt, jedes Teil zerknüllt, um es vorn und hinten im Schiff zu platzieren (siehe Abbildung 10).

Abbildung 10: Intervention »Abschied«

Nach einer Weile wird Frau W. eingeladen, das Schiff etwas entfernt von der Decke auf dem Rasen abzusetzen. Wieder zurück auf der Decke kann die Klientin nachspüren, wie sich die Distanz anfühlt und ob die Begrenzung der Unterlage, auf der sie sitzt, ausreichend ist, um die bewusst initiierte Trennung von der Mutter wahrzunehmen und zu akzeptieren. Es wird ihr angeboten, sich in sich einzufühlen, ob sie den Effekt durch das mitgebrachte Seil, das sie um sich legen kann, verstärken möchte. Frau W. entschließt sich, das Seil zusätzlich um den Rand der Decke zu legen. So bleibt sie einen Moment sitzen. Währenddessen nehme ich mit ihrer Genehmigung das Schiff und setze es an den Spülsaum am Wasser. Sie spürt auch dieser Situation auf ihrer Decke sitzend nach, bis sie sich entscheiden kann, aufzustehen.

Danach watet sie barfuß ins Wasser und setzt mit den Worten »Ich wünsche dir viel Glück auf deiner Reise. Danke für alles« ihr Schiff auf die Wasseroberfläche. Sie schaut noch einen Moment zu, wie das Papierschiff von den Wellen hin und her getragen wird, dann entschließt sie sich, wie besprochen, die beiden Papierknäuel anzuzünden. Nach einer Weile entfernt sie sich rückwärts aus dem Wasser, blickt dem davontreibenden Schiff, den Flammen und dem aufsteigenden Rauch hinterher, bis nur noch verbrannte Papierteile auf dem Wasser schwimmen.

Frau W. nimmt noch einmal auf der Decke Platz, fokussiert das Wasser dort, wo Reste des verbrannten Bötchens auszumachen sind, und geht nochmals in das Gefühl der Trennung. Dieses abschließende Ritual war Frau W. möglich durch die Bearbeitung ihrer Themen in der Psychotherapie und aufgrund der Stärkung des Selbstmitgefühls in der Beratung.

Das Abschiedsritual kann auf ähnliche Art und Weise auch an anderen Stellen durchgeführt werden, am Meer, am Bach oder Fluss.

2.9 Ich will doch nur ihr Bestes – Teil B

Input: Kontaktstörung Konfluenz, subjektive Sichtweisen und Überzeugungen, interkulturelle Besonderheiten, Trauerreaktionen
Intervention 12: Meine Grenzen, outdoor
Hilfsmittel: Keine
Wirkung: Perspektivwechsel, Grenzen wahrnehmen, Selbstmitgefühl und Mitgefühl fördern

Input
In diesem Fall wird es vermieden, die Hypothese einer mit Konfluenz beschriebenen Kontaktstörung zur Verfügung zu stellen. Stattdessen soll das Verhalten, bei dem von sich auf andere geschlossen wird, ohne zu realisieren, dass andere abweichende Bedürfnisse und Werte haben, durch einen Vergleich verdeutlicht werden. Frau D. soll dabei unterstützt werden, selbst Hintergründe zu erkennen, weshalb der Vater möglicherweise so reagiert hat. Es wird – da es Frau D. neben dem empfundenen fehlenden Mitgefühl des Vaters vordergründig um die Kinder der Familie Üsal geht – der Bogen zu ihren eigenen Kindern und denen der Anwesenden geschlagen. Den Gruppenteilnehmenden wird der Sinn derartiger Themenwechsel erklärt und sie werden gefragt, welche Erziehungsziele ihnen bei ihren Kindern wichtig sind bzw. waren. Es werden viele ähnliche Ziele aufgezählt, aber auch unterschiedliche. Frau D. nennt Ehrlichkeit, Respekt, Hilfsbereitschaft, Freundlichkeit, Verlässlichkeit, aber auch Selbstständigkeit lernen, was ihr auch gelungen sei, wie sie stolz hinzufügt. Auf die Frage, welche Erziehungsziele Frau und Herrn Üsal wichtig waren bzw. sind, stockt Frau D. und antwortet nach einer Pause: »Da habe ich keine Ahnung.« In der darauffolgenden Auseinandersetzung mit der Gruppe wird der Supervisandin deutlich, dass sie von sich und ihren Werten und Erziehungszielen auf die der Familie Üsal geschlossen

hat. Es fällt auch der Begriff »interkulturelle Kompetenz« und es zeichnet sich ab, wie viel bzw. wie wenig Informationen die Gruppe und Frau D. zu diesem Thema und speziell zur türkischen Kultur haben. Dieser Input beleuchtet, dass dem Vater das Praktikum des Sohnes im Geschäft des Bruders so wichtig war, weil familiäre Beziehungen und gegenseitige Unterstützung in diesem Kulturkreis Vorrang haben.

Neben den kulturellen Besonderheiten werden Trauerreaktionen in den Blick genommen, und die Gruppe und Frau D. erkennen, dass auch diese ganz individuell ausfallen. Eine Teilnehmerin sagt zu Frau D.: »Der Vater hat in seiner Trauer vielleicht Angst, dass er immer wieder an seine Frau und ihr Sterben erinnert wird, wenn er dich sehen würde. Das will er vielleicht vermeiden.« In der Gruppe werden viele Möglichkeiten zusammengetragen, welche Ursachen für das Verhalten des trauernden Vaters verantwortlich sein könnten. Frau D. gelingt es dadurch immer besser, die Sichtweise vom fehlenden Mitgefühl ihr und den Kindern gegenüber abzulegen. Diese Erfahrung ist für sie wertvoller als der bloße Hinweis, dass die Begleitung offiziell beendet sei.

Intervention 12
Da es besonders bei der Begleitung Sterbender darum geht, ein gesundes Maß an Zuwendung und Abgrenzung zu finden, um Überforderung zu vermeiden, wird der Gruppe für den nächsten Supervisionstermin ein Treffen im nahe gelegenen Park vorgeschlagen.

Vor einer etwa brusthohen Hecke werden die Teilnehmenden und Frau D. gebeten, sich in einiger Entfernung aufzustellen. Sie sollen – jeder in seinem Tempo – auf die Hecke zugehen und diese als Begrenzung des eigenen Raums und des dahinterliegenden Raums einer anderen Person auf sich wirken lassen. Dabei sollen die Gruppenmitglieder gedanklich auch Bezüge zu

Menschen in ihrer Arbeit herstellen. Dieses langsame Auf-die-Hecke-Zugehen soll dreimal wiederholt werden. Danach erfolgt ein Austausch zu dem, was dabei gespürt, wie die Grenze wahrgenommen wurde. Frau D. berichtet, dass ihr erster Impuls war: »Ich will die Hecke nicht, sie schränkt mich ein. Ich will auf die andere Seite.« Im Anschluss werden die Supervisandinnen eingeladen, nach möglichen Ursachen oder dem Sinn solcher und anderer Impulse zu forschen. Eine Teilnehmerin wendet sich an Frau D. und meint: »Vielleicht warst du früher sehr eingeschränkt und lehnst dich noch dagegen auf. Grenzen können aber auch schützen«, worauf Frau D. nachdenklich wird.

Mit den Erfahrungen durch den Gruppenaustausch wird das Wahrnehmen der Grenze in einem zweiten Durchgang wiederholt. Die Teilnehmenden sollen nun die Vorschläge zur möglichen Betrachtungsweise der Begrenzung aufnehmen und wieder in sich hören. Nach drei Runden sollen die Gruppenmitglieder sich zu Veränderungen äußern: was leichter war, was schwerer fiel. Frau D. teilt mit: »Ich habe deutlich eine Traurigkeit gespürt in dieser Runde.« Auch jetzt wird gemeinsam nach möglichen Veränderungen gesucht, um die Wahrnehmung zu stärken, die Begrenzung besser zu spüren oder das Aushalten bzw. Aufrechterhalten der Grenze zu erleichtern. Frau D. wird von einer Teilnehmerin vorgeschlagen: »Versuche doch vielleicht einmal, wie ein Kind dich der Hecke zu nähern und Neugier zu entwickeln, was dahinter sein könnte, so wie ich früher über den Zaun geschaut habe, weil im Nachbargarten ein Baum voller roter Kirschen stand.«

Nach der nächsten Runde und dem erneuten Austausch berichtet Frau D.: »Ja, das hat gut funktioniert. Ich habe die Hecke deutlich als Schutz vor dem Nachbarn, den ich mir vorgestellt habe, gespürt, hatte aber auch Lust, zu entdecken, was es auf der anderen Seite zu sehen gibt.« Um diesen Effekt zu verstärken, werden vor dem abschließenden Durchgang Gegenstände, im gleichen Abstand, wie ihn die Teilnehmenden zueinander einhalten, hinter der Hecke platziert – ein Tuch, ein Schal, eine Mütze, eine Krawatte und anderes. Diese Dinge werden so ausgelegt, dass sie für die Gruppenmitglieder erst nach dem Über-die-Hecke-Beugen sichtbar werden. Die Supervisandinnen werden dann aufgefordert, wieder in ihrem eigenen Tempo auf die Hecke zuzugehen, gut zu spüren, wie sie die Hecke als Grenze schützt, wie sie sich neugierig der Hecke nähern und wie sie sich dem zuwenden, was auf der anderen Seite auf sie wartet. Dieser letzte Teil der Übung ist für die Anwesenden mit einem besonderen Gefühl von Neugier und Lust verbunden.

Zum Schluss tauschen sich die Anwesenden ein letztes Mal über ihre Erfahrungen aus, und in der Regel steht immer die Erkenntnis im Raum, wie wichtig es ist, sich in der Arbeit mit Menschen gut abgrenzen zu können, und wie dieser Schutz es ermöglicht, sich mit ganzem Herzen und Freude auf das Gegenüber einzustellen.

V Zusammenfassung

Gesellschaftliche, wirtschaftliche und strukturelle Entwicklungen haben seit Langem die soziale Arbeit erreicht und Arbeitsbedingungen verändert. Die Arbeitsbelastung ist gestiegen, und Möglichkeiten für zwischenmenschlichen Kontakt sind begrenzt. Umso wichtiger ist es, Maßnahmen in Betreuung, Beratung und Trauerbegleitung in den Fokus zu rücken, die dazu beitragen, die psychische Belastung Mitarbeitender zu minimieren, sodass sie gesund und leistungsfähig bleiben.

Die tägliche Arbeit mit Menschen zeigt, dass keine Begegnung stattfindet, ohne dass Empathie und Mitgefühl eine Rolle spielen. Die Strukturierung grundlegender Begriffe soll es Mitarbeitenden im sozialen Bereich ermöglichen, nicht nur Zusammenhänge zu erkennen, sondern ein neues Verständnis zu erlangen, welche innerpsychischen Prozesse ablaufen und welche Möglichkeiten der Regulation von empathischen Impulsen und mitfühlenden Reaktionen bestehen. Verschiedene schematische Darstellungen visualisieren diese ansonsten schwer greifbaren Phänomene.

Es wird gezeigt, dass ein angemessenes Maß an Mitgefühl von verschiedenen Faktoren abhängt und dass Wünsche und Bedürfnisse von Mitgefühlgebendem und Mitgefühlempfangendem aufgrund der Subjektivität individuell sind, sodass sie eine wichtige Rolle spielen. Deshalb kann nicht von eigenen Impulsen auf die anderer geschlossen werden, sondern es ist zum Einfühlen ein bewusster Perspektivwechsel nötig. Ob Mitgefühl als nützlich empfunden wird, hängt vor allem von Erfahrungen des Mitgefühlempfängers ab. So kann zusammenfassend festgestellt werden, dass angemessenes Mitgefühl entsteht, wenn sowohl Sender als auch Empfänger sich nach einer Zuwendung wohlfühlen.

Die Falldarstellungen zeigen, wie in den jeweiligen Situationen Blockaden für Mitgefühl gefunden werden können und wie auf hilfreiche Art und Weise mitfühlend reagiert werden kann. Zwölf Interventionen werden vorgestellt, die dazu beitragen können, Belastungen, destruktive Sichtweisen und Überzeugungen und einschränkende Verhaltensweisen zu verändern. Ziel aller Interventionen ist es, Selbstmitgefühl zu fördern und es dadurch zu ermöglichen, sich anderen mitfühlend zuzuwenden.

Mitgefühl in der sozialen Arbeit heißt auch, hauptberuflich Tätige und Ehrenamtliche mit entsprechenden Maßnahmen wie Supervision in der Selbstreflexion und Selbstfürsorge zu unterstützen. Mitgefühl braucht deshalb gesellschaftliche Aufmerksamkeit, damit der Fokus in Bereichen, wo Menschen mit Menschen arbeiten, neben dem Blick auf die Primäraufgaben auch auf angemessenes Mitgefühl gerichtet werden kann. Denn nicht nur jeder Einzelne, sondern auch die Gesellschaft braucht wohlwollende zwischenmenschliche Beziehungen, um gesund zu bleiben. So kann die Situation von Menschen in sozialer Arbeit, aber auch die der Betreuten und Begleiteten verbessert werden.

Literatur

baua – Bundesanstalt für Arbeitsschutz und Arbeitsmedizin (2016). Volkswirtschaftliche Kosten durch Arbeitsunfähigkeit 2016. https://www.baua.de/DE/Themen/Arbeitswelt-und-Arbeitsschutz-im-Wandel/Arbeitsweltberichterstattung/Kosten-der-AU/pdf/Kosten-2016.pdf?__blob=publicationFile&v=4 (04.01.2021).

Bion, W. R. (2009). Aufmerksamkeit und Deutung. Frankfurt a. M.: Brandes & Apsel.

Bloom, P. (2015). Empathie blendet uns. Interview mit Anna Gielas über den Unterschied zwischen »empathy« und »compassion«. Zeit online. https://www.zeit.de/2015/49/psychologie-empathie-terror-mitgefuehl-interview (Zugriff am 04.07.2020).

Breithaupt, F. (2009). Kulturen der Empathie. Berlin: Suhrkamp.

Ciaramicoli, A. P. (2001). Der Empathie-Faktor. Mitgefühl, Toleranz, Verständnis. München: Deutscher Taschenbuch-Verlag.

Dijksterhuis, A. (2010). Das kluge Unbewusste. Denken mit Gefühl und Intuition, Stuttgart: Klett-Cotta.

Effinger, H. (2018). Beratung in der Sozialwirtschaft. Ungewissheiten als Chance kreativer Problemlösungsstrategien. Göttingen: Vandenhoeck & Ruprecht.

Ekman, P. (2010). Gefühle lesen. Wie Sie Emotionen erkennen und richtig interpretieren. Heidelberg: Springer.

Frankl, V. E. (2009). Trotzdem Ja zum Leben sagen. Ein Psychologe erlebt das Konzentrationslager. München: dtv.

Gilbert, P. (2009). Overcoming depression. A self-help guide using cognitive behavioural techniques by Paul Gilbert. London: Robinson.

Gilbert, P. (2020). Achtsames Mitgefühl. Ein kraftvoller Weg, das Leben zu verwandeln. Freiburg u. Arbor: New Edition.

Hurlemann, R., Patin, A., Onur, O. A., Cohen, M. X., Baumgartner, T., Metzler, S., Dziobek, I., Gallinat, J., Wagner, M., Maier, W., Kendrick, K. M. (2010). Oxytocin enhances Amygdala-dependent, socially reinforced learning and emotional empathy in humans. Journal of Neuroscience, 30, 14, 4999–5007. https://www.jneurosci.org/content/30/14/4999 (Zugriff am 09.07.2021).

Kessler, D. (2020). Heilende Emotionen. https://www.manager-magazin.de/harvard/fuehrung/corona-wie-fuehrungskraefte-mitarbeitern-durch-die-krise-helfen-koennen-a-00000000-0002-0001-0000-000171978391 (Zugriff am 11.07.2021).

Kharrazian, D. (2018). Was ist bloß mit meinem Gehirn los? Wie Funktionsstörungen entstehen und was wir effektiv dagegen tun können. Kirchzarten: VAK.

Klimecki, O. M., Leiberg, S., Lamm, S., Singer, T. (2013). Functional neural plasticity and associated changes in positive affect after compassion training. Cerebral Cortex, 23, 7, 1552–1561. https://academic.oup.com/cercor/article/23/7/1552/288473 searchresult=1 (Zugriff am 09.07.2021).

Kosfeld, M., Heinrichs, M., Zak, P. J., Fischbacher, U., Fehr, E. (2005). Oxytocin increases trust in humans. Nature, 435, 673–676. https://www.nature.com/articles/nature03701 (Zugriff am 09.07.2021).

Lieb, K., Frauenknecht, S., Brunnhuber, S. (2008). Intensivkurs Psychiatrie und Psychotherapie. München u. Jena: Elsevier, Urban & Fischer.

Looss, W. (2013). Gestaltorientierte Diagnosearbeit im Coaching. Eine Kartographie des Lebendigen. In H. Möller, S. Kotte (Hrsg.), Diagnostik im Coaching. Grundlagen, Analyseebenen, Praxisbeispiele. Berlin u. Heidelberg: Springer.

Marose, M. (2020). Trauer am Arbeitsplatz. Bausteine für den Religionsunterricht an berufsbildenden Schulen. Göttingen: Vandenhoeck & Ruprecht.

Mentzos, S. (2013). Lehrbuch der Psychodynamik. Die Funktion der Dysfunktionalität psychischer Störungen. Göttingen: Vandenhoeck & Ruprecht.

Neubrand, S. (2012). Impathie: Entwicklung und erste Validierung eines neuen Konstrukts. Masterarbeit, Universität Zürich.

Noll-Brinckmann, C. (1999). Somatische Empathie bei Hitchcock. Eine Skizze. In H. B. Heller, K. Prümm, P. Peulings (Hrsg.), Der Körper im Bild. Schauspielen – Darstellen – Erscheinen. Marburg: Schüren Presseverlag.

Pelz, W. (2017). Soziale Empathie macht Führungskräfte umsetzungsstark. Pressemitteilung vom 04.09.2017. https://www.management-innovation.com/Pressemitteilungen/Soziale-Empathie-Fuehrungskraefte.pdf (Zugriff am 05.06.2020).

Schenk, M. (2014). Suizid, Suizidalität und Trauer. Gewaltsamer Tod und Nachsterbewunsch in der Begleitung. Göttingen: Vandenhoeck & Ruprecht.

Schmidbauer, W. (1993). Hilflose Helfer. Über die seelische Problematik der helfenden Berufe. Reinbek: Rowohlt.

Singer, T., Klimecki, O. M. (2014). Empathy and compassion. Current Biology, 24 (18), R875–R878. https://www.sciencedirect.com/science/article/pii/S0960982214007702 (Zugriff am 09.07.2021).

Singer, T., Ricard, M. (2015). Mit Gefühl in der Wirtschaft. Ein bahnbrechender Forschungsbericht. München: Knaus.

Techniker Krankenkasse (2019). Gesundheitsreport, Arbeitsunfähigkeit 2018. https://www.tk.de/resource/blob/2060908/b719879a6b6ca54c1f2ec600985fb616/gesundheitsreport-au-2019-data.pdf (Zugriff am 24.11.2020).

Warrier, V. et al. (2018). Genome-wide meta-analysis of cognitive empathy: Heritability, and correlates with sex, neuropsychiatric conditions and cognition. Molecular Psychiatry, 23, 1402–1409. https://www.nature.com/articles/mp2017122 (09.07.2021).

Yates, C. J. (2017). Handbuch Meditation. Unter Mitarbeit von J. Graves. München: Arkana.